TODO LO QUE
DICE LA
BIBLIA SOBRE EL
DINERO

Publicado por
Unilit
Miami, FL 33172

© 2012 Editorial Unilit (Spanish translation)
Primera edición 2012

© 2011 por Bethany House Publishers
Originalmente publicado en inglés con el título:
Everything the Bible Says About Money.
Publicado por Bethany House, una división de
Baker Publishing Group,
Grand Rapids, Michigan, 49516, U.S.A.
Todos los derechos reservados.

Reservados todos los derechos. Ninguna porción ni parte de esta obra se puede reproducir, ni
guardar en un sistema de almacenamiento de información, ni transmitir en ninguna forma por
ningún medio (electrónico, mecánico, de fotocopias, grabación, etc.) sin el permiso previo de los
editores, excepto en el caso de breves citas contenidas en artículos importantes o reseñas.

Compilado por: *Lin Johnson*
Traducción: *Nancy Pineda*
Fotografías e ilustraciones de la cubierta: © *2012 Vova Shevchuk, 2happy, Taiga. Usadas con permiso
de Shutterstock.com.*

Las citas bíblicas señaladas con NVI® son tomadas de la Santa Biblia, *Nueva Versión Internacional*
®. NVI®. Propiedad literaria © 1999 por Biblica, Inc. ™ Usado con permiso. Reservados todos los
derechos mundialmente.
Las citas bíblicas señaladas con LBLA se tomaron de la Santa Biblia, *La Biblia de Las Américas.* © 1986
por The Lockman Foundation.
El texto bíblico señalado con RV-60 ha sido tomado de la versión Reina Valera © 1960 Sociedades
Bíblicas en América Latina; © renovado 1988 Sociedades Bíblicas Unidas. Utilizado con permiso.
Reina-Valera 1960® es una marca registrada de la American Bible Society, y puede ser usada
solamente bajo licencia.
El texto bíblico señalado con «NTV» ha sido tomado de la *Santa Biblia*, Nueva Traducción Viviente,
© Tyndale House Foundation 2008, 2009, 2010. Usado con permiso de Tyndale House Publishers,
Inc., 351 Executive Dr., Carol Stream, IL 60188, Estados Unidos de América. Todos los derechos
reservados.
Las citas bíblicas señaladas con LBD se tomaron de la Santa Biblia, *La Biblia al Día.* © 1979 por la
Sociedad Bíblica Internacional.
Las citas bíblicas señaladas con NBLH han sido tomadas de la NUEVA BIBLIA DE LOS HISPANOS
© 2005 por The Lockman Foundation. Usadas con permiso. www.NBLH.org.
El texto bíblico señalado con RVC ha sido tomado de la Versión Reina Valera Contemporánea™
© Sociedades Bíblicas Unidas, 2009, 2011. Antigua versión de Casiodoro de Reina (1569), revisada
por Cipriano de Valera (1602). Otras revisiones: 1862, 1909, 1960 y 1995. Utilizada con permiso.
Las citas bíblicas señaladas con BTX se tomaron de la *Biblia Textual.* © 1999, 2010 por la Sociedad
Bíblica Iberoamericana.
Las citas bíblicas señaladas con DHH se tomaron de *Dios Habla Hoy*, la Biblia en Versión Popular por
la Sociedad Bíblica Americana, Nueva York. Texto © Sociedades Bíblicas Unidas 1966, 1970, 1979.
Las citas bíblicas señaladas con PDT se tomaron de la Santa Biblia *La Palabra de Dios para Todos.*
© 2005, 2008 por el *Centro Mundial de Traducción de la Biblia.*
Las citas bíblicas señaladas con TLA se tomaron de la *Biblia para todos*, © 2003. Traducción en
lenguaje actual, © 2002 por las Sociedades Bíblicas Unidas.
Las citas bíblicas señaladas con RVA se tomaron de la Santa Biblia, Versión Reina-Valera 1909, por las
Sociedades Bíblicas Unidas.
Usadas con permiso.

Producto 499147 • ISBN 0-7899-1863-3 • ISBN 978-0-7899-1863-5

Impreso en Colombia
Printed in Colombia

Categoría: Vida cristiana /Vida práctica /General
Category: Christian Living /Practical Lif e/General

CONTENIDO

INTRODUCCIÓN

¿Cuánto tiempo pasaste el mes pasado ganando e invirtiendo dinero, comprando lo que necesitabas y algo que deseabas, pagando tus cuentas y deseando que te quedara un poco más después? Si eres como la mayoría de la gente, el dinero y los asuntos relacionados con este consumen una gran cantidad de tus pensamientos y de tu tiempo.

El dinero es un tema tan importante que cada año las casas editoriales producen muchos libros sobre el mismo. Es más, las listas de Amazon.com son de casi noventa y cuatro mil libros acerca de la materia. Las revistas y los boletines informativos como *Money*, *Smart Money*, *Consumer Reports Money Advisor* y *Christian Money Management* ponen empeño en ayudar a sus suscriptores a ganar más dinero y a usarlo con sabiduría. ¡Esa es mucha información dedicada al tema!

Sin embargo, ¿qué tiene que decir Dios acerca del dinero? La Biblia habla mucho del asunto, puesto que la manera en que te ocupas de tu dinero es una indicación de lo que está en tu corazón, lo cual le preocupa en gran medida a Dios.

Aunque escrito hace siglos, la oración de Agur en Proverbios 30:8-9 (LBLA) proporciona un modelo para que nosotros oremos hoy: «Aleja de mí la mentira y las palabras engañosas, no me des pobreza ni riqueza; dame a comer mi porción de pan, no sea que me sacie y te niegue, y diga: ¿Quién es el SEÑOR?, o que sea menesteroso y robe, y profane el nombre de mi Dios».

Al mostrarte lo que dice la Biblia acerca del dinero, este libro te ayudará a obtener la perspectiva de Agur y la de Dios.

NO ES TUYO

Tus cuentas de banco tienen tu nombre en ellas. Tus cheques de sueldo están hechos para ti. Tú pasas tiempo, es probable que más del que desearías, obsesionado por tus finanzas: si tienes suficiente dinero para pagar tus cuentas, si puedes solventar la compra de lo que quieres, si puedes darte el lujo de retirarte algún día.

Aun cuando quizá veas tu dinero como tuyo, no es así. La Biblia enseña que todo lo que tenemos, incluyendo el dinero, es de Dios. El reconocimiento de este hecho puede liberarte de la ansiedad por tus finanzas, debido a que Dios proveerá lo suficiente. Él usará tu habilidad para ganar dinero, algunas veces de maneras que no te puedes imaginar.

Tu dinero viene de Dios

Como Moisés les recordó a los israelitas: Recuerda al
Señor tu Dios, porque es él quien te da el poder
para producir esa riqueza; así ha confirmado hoy el
pacto que bajo juramento hizo con tus antepasados.
(DEUTERONOMIO 8:18, NVI)

Bendito eres, oh Señor, Dios de Israel, nuestro padre
por los siglos de los siglos. Tuya es, oh Señor, la grandeza y el poder y la gloria y la victoria y la majestad, en
verdad, todo lo que hay en los cielos y en la tierra; tuyo
es el dominio, oh Señor, y tú te exaltas como soberano sobre todo. De ti proceden la riqueza y el honor;
tú reinas sobre todo y en tu mano están el poder y la
fortaleza, y en tu mano está engrandecer y fortalecer
a todos. Ahora pues, Dios nuestro, te damos gracias
y alabamos tu glorioso nombre. Pero ¿quién soy yo y
quién es mi pueblo para que podamos ofrecer tan generosamente todo esto? Porque de ti proceden todas
las cosas, y de lo recibido de tu mano te damos. Porque
somos forasteros y peregrinos delante de ti, como lo
fueron todos nuestros padres; como una sombra son
nuestros días sobre la tierra, y no hay esperanza. Oh
Señor, Dios nuestro, toda esta abundancia que hemos
preparado para edificarte una casa para tu santo nombre procede de tu mano, y todo es tuyo.
(1 CRÓNICAS 29:10-16, LBLA)

Esta es la oración del rey David mientras él y los israelitas se preparaban para construir el templo para la adoración a Dios.

De Jehová es la tierra y su plenitud; el mundo, y los que en él habitan. (**SALMO 24:1,** RV-60)

Porque mía es toda bestia del bosque, y los millares de animales en los collados. (**SALMO 50:10,** RV-60)

También es algo bueno recibir riquezas de parte de Dios y la buena salud para disfrutarlas. Disfrutar del trabajo y aceptar lo que depara la vida son verdaderos regalos de Dios. (**ECLESIASTÉS 5:19,** NTV)

Mía es la plata, y mío el oro, dice Jehová de los ejércitos. (**HAGEO 2:8,** RVA)

Pues todas las cosas provienen de él [Dios] y existen por su poder y son para su gloria. ¡A él sea toda la gloria por siempre! Amén. (**ROMANOS 11:36,** NTV)

Dios les da lo suficiente a sus hijos

El Señor es mi pastor; tengo todo lo que necesito.
(SALMO 23:1, NTV**)**

He sido joven y ahora soy viejo, pero nunca he visto justos en la miseria, ni que sus hijos mendiguen pan.
(SALMO 37:25, NVI**)**

Mi Dios, pues, suplirá todo lo que os falta conforme a sus riquezas en gloria en Cristo Jesús.
(FILIPENSES 4:19, RVA**)**

Escoge el dinero o a Dios

Guarda los mandatos del Señor tu Dios, andando en sus caminos, guardando sus estatutos, sus mandamientos, sus ordenanzas y sus testimonios, conforme a lo que está escrito en la ley de Moisés, para que prosperes en todo lo que hagas y dondequiera que vayas.
(1 REYES 2:3, LBLA**)**

> *Cuando el rey David se estaba muriendo, le dijo a su hijo Salomón que pusiera primero a Dios; entonces, sería próspero.*

Sométete a Dios; ponte en paz con él, y volverá a ti la prosperidad. (**JOB 22:21**, NVI)

No te ganes la vida mediante la extorsión ni pongas tu esperanza en el robo. Y si tus riquezas aumentan, no las hagas el centro de tu vida. (**SALMO 62:10**, NTV)

Elijan mi instrucción en lugar de la plata y el conocimiento antes que el oro puro. Pues la sabiduría es mucho más valiosa que los rubíes. Nada de lo que uno pueda desear se compara con ella.
(**PROVERBIOS 8:10-11**, NTV)

Las riquezas y la honra me acompañan, las verdaderas riquezas y la justicia. Mis frutos son mejores que el oro más refinado; mis ganancias sobrepasan a la plata escogida. Yo voy por el camino recto; camino por las sendas de la justicia, para dar su herencia a los que me aman, para saturarlos de tesoros. (**PROVERBIOS 8:18-21**, RVC)

De nada servirán las riquezas el día del Juicio; entonces solo valdrá la rectitud. (**PROVERBIOS 11:4**, LBD)

El que confía en sus riquezas caerá; mas los justos reverdecerán como ramas. **(PROVERBIOS 11:28,** rv-60**)**

La sabiduría vale mucho más que el oro, y la inteligencia mucho más que la plata. **(PROVERBIOS 16:16,** pdt**)**

Esa noche, el Señor se le apareció a Salomón en un sueño y Dios le dijo:

—¿Qué es lo que quieres? ¡Pídeme, y yo te lo daré!

Salomón contestó:

—Tú mostraste fiel amor hacia tu siervo David, mi padre, un hombre transparente y leal, quien te fue fiel. Hoy sigues mostrándole tu fiel amor al darle un hijo que se siente en su trono.

»Ahora pues, Señor mi Dios, tú me has hecho rey en lugar de mi padre David, pero soy como un niño pequeño que no sabe por dónde ir. Sin embargo, aquí estoy en medio de tu pueblo escogido, ¡una nación tan grande y numerosa que no se puede contar! Dame un corazón comprensivo para que pueda gobernar bien a tu pueblo, y sepa la diferencia entre el bien y el mal. Pues, ¿quién puede gobernar por su propia cuenta a este gran pueblo tuyo?

Al Señor le agradó que Salomón pidiera sabiduría. Así que le respondió:

—Como pediste sabiduría para gobernar a mi pueblo con justicia y no has pedido una larga vida,

ni riqueza, ni la muerte de tus enemigos, ¡te concede-
ré lo que me has pedido! Te daré un corazón sabio y
comprensivo, como nadie nunca ha tenido ni jamás
tendrá. Además, te daré lo que no me pediste: riquezas
y fama. Ningún otro rey del mundo se comparará a ti
por el resto de tu vida. Y si tú me sigues y obedeces mis
decretos y mis mandatos como lo hizo tu padre David,
también te daré una larga vida. (**1 REYES 3:5-14,** NTV)

Cuando Dios le preguntó a Salomón lo que que-
ría, él le pidió sabiduría, no riquezas. Sin em-
bargo, Dios lo bendijo con sabiduría y riquezas.
En el siguiente pasaje vemos cómo Dios lo hizo
rico más allá de toda comprensión.

Cada año Salomón recibía unos veintitrés mil kilos
de oro, sin contar los ingresos adicionales que recibía de mercaderes y comerciantes, de todos los reyes
de Arabia y de los gobernadores de la tierra. El rey
Salomón fabricó doscientos escudos grandes de oro
labrado a martillo; cada uno pesaba casi siete kilos.
También hizo trescientos escudos más pequeños de
oro labrado a martillo; cada uno pesaba casi dos kilos.
El rey colocó los escudos en el Palacio del Bosque del
Líbano. Luego el rey hizo un gran trono, decorado con
marfil y revestido de oro fino. El trono tenía seis escalones y un respaldo redondeado. A cada lado del asiento había apoyabrazos, y a cada lado del trono había

una figura de león de pie. Había también otros doce leones, uno en cada extremo de los seis escalones. ¡No había trono en todo el mundo que pudiera compararse con el de Salomón! Todas las copas del rey Salomón eran de oro macizo, igual que todos los utensilios en el Palacio del Bosque del Líbano. No estaban hechos de plata porque en los tiempos de Salomón la plata no se consideraba de valor. El rey tenía una flota de barcos mercantes que navegaba con la flota de Hiram. Una vez cada tres años, los barcos regresaban cargados de oro, plata, marfil, simios y pavos reales. De modo que Salomón llegó a ser más rico y más sabio que cualquier otro rey de la tierra. Gente de todas las naciones lo visitaba para consultarlo y escuchar la sabiduría que Dios le había dado. Año tras año, cada visitante le llevaba regalos de plata y oro, ropa, armas, especias, caballos y mulas. **(1 REYES 10:14-25, NTV)**

Quien ama el dinero, de dinero no se sacia. Quien ama las riquezas nunca tiene suficiente. ¡También esto es absurdo! Donde abundan los bienes, sobra quien se los gaste; ¿y qué saca de esto su dueño, aparte de contemplarlos? **(ECLESIASTÉS 5:10-11, NVI)**

Salomón escribió el libro de Eclesiastés. Si alguien sabía acerca de la riqueza, ese era él.

Estás orgullosa de tus fértiles valles, hija rebelde, pero pronto se convertirán en ruinas. Confiaste en tus riquezas y pensaste que nadie podría hacerte daño. ¡Pero mira! Yo traeré terror sobre ti —dice el Señor, el SEÑOR de los Ejércitos Celestiales—. Tus vecinos te expulsarán de tu tierra y nadie ayudará a tus desterrados cuando huyan. (**JEREMÍAS 49:4-5**, NTV)

Jesús advirtió: No almacenes tesoros aquí en la tierra, donde las polillas se los comen y el óxido los destruye, y donde los ladrones entran y roban. Almacena tus tesoros en el cielo, donde las polillas y el óxido no pueden destruir, y los ladrones no entran a robar. Donde esté tu tesoro, allí estarán también los deseos de tu corazón [...] Nadie puede servir a dos amos. Pues odiará a uno y amará al otro; será leal a uno y despreciará al otro. No se puede servir a Dios y al dinero. (**MATEO 6:19-21, 24**, NTV)

Jesús les preguntó a sus discípulos: Pues ¿qué provecho obtendrá un hombre si gana el mundo entero, pero pierde su alma? O ¿qué dará un hombre a cambio de su alma? (**MATEO 16:26**, LBLA)

Entonces salieron los fariseos y tramaron cómo ten-
derle a Jesús una trampa con sus mismas palabras.
Enviaron algunos de sus discípulos junto con los hero-
dianos, los cuales le dijeron:

—Maestro, sabemos que eres un hombre íntegro
y que enseñas el camino de Dios de acuerdo con la
verdad. No te dejas influir por nadie porque no te fijas
en las apariencias. Danos tu opinión: ¿Está permitido
pagar impuestos al césar o no?

Conociendo sus malas intenciones, Jesús replicó:

—¡Hipócritas! ¿Por qué me tienden trampas?
Muéstrenme la moneda para el impuesto.

Y se la enseñaron.

—¿De quién son esta imagen y esta inscripción?
—les preguntó.

—Del césar —respondieron.

—Entonces denle al césar lo que es del césar y a
Dios lo que es de Dios.

Al oír esto, se quedaron asombrados. Así que lo
dejaron y se fueron. (**MATEO 22:15-22,** NVI)

*¿Qué fue lo que Jesús les dijo a los fariseos y, a fin
de cuentas, a nosotros? De acuerdo a los comen-
tarios, hay dos lecciones que podemos aprender.
En primer lugar, debemos obedecer la ley y no
hacerle trampas al gobierno con el dinero que
tenemos. En segundo lugar, y lo que es más importante, debemos darle a Dios lo que es de Él,
lo cual es todo: nuestro dinero, nuestro tiempo,
nuestro amor, nuestra adoración, etc.*

Entonces Jesús, mirándole, le amó, y le dijo: Una cosa te falta: anda, vende todo lo que tienes, y dalo a los pobres, y tendrás tesoro en el cielo; y ven, sígueme, tomando tu cruz. Pero él, afligido por esta palabra, se fue triste, porque tenía muchas posesiones. Entonces Jesús, mirando alrededor, dijo a sus discípulos: ¡Cuán difícilmente entrarán en el reino de Dios los que tienen riquezas! Los discípulos se asombraron de sus palabras; pero Jesús, respondiendo, volvió a decirles: Hijos, ¡cuán difícil les es entrar en el reino de Dios, a los que confían en las riquezas! Más fácil es pasar un camello por el ojo de una aguja, que entrar un rico en el reino de Dios. Ellos se asombraban aun más, diciendo entre sí: ¿Quién, pues, podrá ser salvo?
(**MARCOS 10:21-26**, rv-60)

Este joven rico amaba demasiado su dinero para renunciar a él, a fin de poner su fe en Dios.

«Así es, el que almacena riquezas terrenales pero no es rico en su relación con Dios, es un necio».

Luego, dirigiéndose a sus discípulos, dijo: «Por eso les digo que no se preocupen por la vida diaria, si tendrán suficiente alimento para comer o suficiente ropa para vestirse. Pues la vida es más que la comida, y el cuerpo es más que la ropa. Miren los cuervos. No plantan ni cosechan ni guardan comida en graneros, porque Dios los alimenta. ¡Y ustedes son para él mucho más valiosos que cualquier pájaro! ¿Acaso con todas sus preocupaciones pueden añadir un solo momento a su vida? Y, si por mucho preocuparse no se logra algo tan pequeño como eso, ¿de qué sirve preocuparse por cosas más grandes?

»Miren cómo crecen los lirios. No trabajan ni cosen su ropa; sin embargo, ni Salomón con toda su gloria se vistió tan hermoso como ellos. Y, si Dios cuida de manera tan maravillosa a las flores que hoy están y mañana se echan al fuego, tengan por seguro que cuidará de ustedes. ¿Por qué tienen tan poca fe?

»No se inquieten por lo que van a comer o lo que van a beber. No se preocupen por esas cosas. Esas cosas dominan el pensamiento de los incrédulos en todo el mundo, pero su Padre ya conoce sus necesidades. Busquen el reino de Dios por encima de todo lo demás, y él les dará todo lo que necesiten.

»Así que no se preocupe, pequeño rebaño. Pues al Padre le da mucha felicidad entregarles el reino.

»Vendan sus posesiones y den a los que pasan necesidad. ¡Eso almacenará tesoros para ustedes en el cielo! Y las bolsas celestiales nunca se ponen viejas ni se agujerean. El tesoro de ustedes estará seguro; ningún ladrón podrá robarlo y ninguna polilla, destruirlo. Donde esté su tesoro, allí estarán también los deseos de su corazón». (**LUCAS 12:21-34**, NTV)

Aquí Jesús enseñó que tú no debes preocuparte por las cosas que compra el dinero, puesto que Dios ya sabe lo que tú necesitas y tendrá cuidado de ti. Es más importante almacenar tesoros espirituales que acumular un montón de dinero.

Entonces Pedro le dijo: Que tu plata perezca contigo, porque pensaste que podías obtener el don de Dios con dinero. **(HECHOS 8:20,** LBLA)

Pedro reprendió a Simón el mago por tratar de comprar la autoridad para darle el Espíritu Santo a la gente que creía en Jesús como Salvador del pecado.

Porque la raíz de todos los males es el amor al dinero, por el cual, codiciándolo algunos, se extraviaron de la fe y se torturaron con muchos dolores.
(1 TIMOTEO 6:10, LBLA)

Pablo escribió estas palabras en una carta a Timoteo.

También debes saber esto: que en los postreros días vendrán tiempos peligrosos. Porque habrá hombres amadores de sí mismos, avaros, vanagloriosos,

soberbios, blasfemos, desobedientes a los padres, ingratos, impíos. (**2 TIMOTEO 3:1-2**, RV-60)

Dios tiene el control

Mientras Eliseo decía esto, el mensajero llegó, y el rey
dijo:

—¡Todo este sufrimiento viene del SEÑOR! ¿Por
qué seguiré esperando al SEÑOR?

Eliseo le respondió:

—¡Escucha el mensaje del SEÑOR! Esto dice el
SEÑOR: "Mañana, a esta hora, en los mercados de
Samaria, tres kilos de harina selecta costarán apenas
una pieza de plata y seis kilos de grano de cebada costarán apenas una pieza de plata".

El funcionario que atendía al rey le dijo al hombre
de Dios:

—¡Eso sería imposible aunque el SEÑOR abriera
las ventanas del cielo!

Pero Eliseo le respondió:

—¡Lo verás con tus propios ojos, pero no podrás
comer nada de eso!

Sucedió que había cuatro hombres con lepra sen-
tados en la entrada de las puertas de la ciudad. «¿De
qué nos sirve sentarnos aquí a esperar la muerte? —se
preguntaban unos a otros—. Si nos quedamos aquí,
moriremos, pero con el hambre que hay en la ciudad,
moriremos de hambre también allá si regresamos. Así
que mejor sería ir y entregarnos al ejército arameo. Si
ellos nos perdonan la vida, mucho mejor; pero si nos
matan, igual habríamos muerto».

Así que, al ponerse el sol, salieron hacia el campamento de los arameos; pero cuando se aproximaron al límite del campamento, ¡no había nadie! Pues el SEÑOR había hecho que el ejército arameo escuchara el traqueteo de carros de guerra a toda velocidad, el galope de caballos y los sonidos de un gran ejército que se acercaba. Por eso se gritaron unos a otros: «¡El rey de Israel ha contratado a los hititas y a los egipcios para que nos ataquen!». Así que se llenaron de pánico y huyeron en la oscuridad de la noche; abandonaron sus carpas, sus caballos, sus burros y todo lo demás, y corrieron para salvar la vida.

Cuando los leprosos llegaron al límite del campamento, fueron de carpa en carpa, comieron y bebieron vino, sacaron plata, oro y ropa, y escondieron todo. Finalmente se dijeron entre ellos: «Esto no está bien. Hoy es un día de buenas noticias, ¡y nosotros no lo hemos dicho a nadie! Si esperamos hasta la mañana, seguro que nos ocurre alguna calamidad. ¡Vamos, regresemos al palacio y contémosle a la gente!».

Así que regresaron a la ciudad e informaron a los porteros lo que había sucedido. «Salimos al campamento arameo —dijeron—, ¡y allí no había nadie! Los caballos y los burros estaban atados, y todas las carpas estaban en orden, ¡pero no había ni una sola persona!». Entonces los porteros gritaron la noticia a la gente del palacio.

El rey se levantó de su cama a la mitad de la noche y dijo a sus oficiales:

—Yo sé lo que pasó. Los arameos saben que estamos muriendo de hambre, por eso abandonaron su campamento y están escondidos en el campo; esperan que salgamos de la ciudad para capturarnos vivos y tomar la ciudad.

Entonces uno de sus oficiales le dijo:

—Deberíamos mandar espías a investigar. Que se lleven cinco de los caballos que quedan. Si les pasa algo, no será peor que si se quedan aquí y mueren con todos nosotros.

Así que prepararon dos carros de guerra con caballos, y el rey envió espías para que averiguaran qué le había sucedido al ejército arameo. Los espías recorrieron todo el camino hasta el río Jordán siguiendo un rastro de prendas y objetos tirados por los arameos cuando huyeron desesperadamente. Luego regresaron y le informaron al rey. Entonces la gente de Samaria salió corriendo y saqueó el campamento de los arameos. Así se cumplió ese día, tal como el Señor había prometido, que se venderían tres kilos de harina selecta por una pieza de plata y seis kilos de grano de cebada por una pieza de plata. El rey asignó al funcionario que lo atendía para que controlara a las multitudes en la puerta, pero cuando salieron corriendo, lo atropellaron y lo pisotearon y así el hombre murió.

Así que todo sucedió exactamente como el hombre de Dios lo había predicho cuando el rey fue a verlo a su casa. El hombre de Dios le había dicho al rey: «Mañana, a esta hora, en los mercados de Samaria, tres kilos de harina selecta costarán una pieza de plata y seis kilos de grano de cebada costarán una pieza de plata».

El funcionario del rey había respondido: «¡Eso sería imposible aunque el Señor abriera las ventanas del cielo!». Y el hombre de Dios había dicho: «¡Lo verás con tus propios ojos, pero no podrás comer nada de eso!». Y así fue, las multitudes lo aplastaron y murió a la entrada de la ciudad. (**2 REYES 6:33—7:20,** NTV)

Hay muchas lecciones en esta historia, pero la más importante es que Dios sabe lo que sucederá y tiene el control de todo, incluyendo la economía. Los precios, los empleos, el hambre, etc., no son rivales para el Señor.

Presten atención, ustedes que dicen: «Hoy o mañana iremos a tal o cual ciudad y nos quedaremos un año. Haremos negocios allí y ganaremos dinero». ¿Cómo saben qué será de su vida el día de mañana? La vida de ustedes es como la neblina del amanecer: aparece un rato y luego se esfuma. Lo que deberían decir es: «Si el Señor quiere, viviremos y haremos esto o aquello». De lo contrario, están haciendo alarde de sus propios planes, y semejante jactancia es maligna.
(**SANTIAGO 4:13-16,** NTV)

Suponiendo que tendrás incluso un día más para vivir y hacer dinero es poner a Dios en segundo lugar.

GANA DINERO

Pocas personas nacen con fortunas lo suficiente grandes como para que no necesiten ganarse la vida. Quizá tú hayas deseado ser un *hijo de papá* o estés convencido de que naciste para ser rico y llevar una vida de ocio, pero tus padres no estaban enterados.

El trabajo es la manera más común de hacer dinero, ya sea que veas tu empleo como algo que esperas con ansias, un mal necesario para pagar las cuentas o algo para cinco días temibles a la semana. De todos modos, algunas personas buscan maneras de hacer dinero por otros medios, tales como hacerse rico con rapidez.

Sin duda, Dios puede proporcionar todo lo que necesitas de forma sobrenatural, incluyendo una abultada cuenta bancaria, y algunas veces Él te da dinero de maneras inesperadas. Sin embargo, es probable que la mayor parte de tu dinero venga del trabajo.

Por lo tanto, ¿qué dice la Biblia acerca de ganar dinero y, por el otro lado, del pago de los salarios?

La obtención del sueldo

Jacob se quedó con Labán alrededor de un mes, y después Labán le dijo:

—No deberías trabajar para mí sin recibir pago, sólo porque somos parientes. Dime cuánto debería ser tu salario. **(GÉNESIS 29:14-15,** NTV**)**

> *Labán era el tío de Jacob. Él comprendía que un trabajador, incluso un pariente, merecía ganar un salario.*

No te ganes la vida mediante la extorsión ni pongas tu esperanza en el robo. Y si tus riquezas aumentan, no las hagas el centro de tu vida. **(SALMO 62:10,** NTV**)**

Las riquezas mal habidas no sirven de nada, pero la justicia libra de la muerte. **(PROVERBIOS 10:2,** NVI**)**

La mano negligente empobrece, pero la mano de los diligentes enriquece. **(PROVERBIOS 10:4,** BTX**)**

El impío gana salario engañoso, pero el que siembra justicia recibe verdadera recompensa.
(PROVERBIOS 11:18, LBLA)

El trabajo honrado vale la pena.

El que labra su tierra tendrá abundante comida, pero el que sueña despierto es un imprudente.
(PROVERBIOS 12:11, NVI)

Los perezosos ambicionan mucho y obtienen poco, pero los que trabajan con esmero prosperarán.
(PROVERBIOS 13:4, NTV)

En todo trabajo hay ganancia, pero el vano hablar conduce sólo a la pobreza. **(PROVERBIOS 14:23,** LBLA)

El alma del que trabaja, trabaja para sí, porque su boca le estimula. **(PROVERBIOS 16:26,** RV-60)

La riqueza fruto de una lengua mentirosa es una neblina que se esfuma y una trampa mortal.

(PROVERBIOS 21:6, NTV**)**

De deseos se muere el perezoso, porque sus manos no quieren trabajar; todo el día se lo pasa deseando. El justo, en cambio, da sin tacañerías.

(PROVERBIOS 21:25-26, DHH**)**

No te desgastes tratando de hacerte rico. Sé lo suficientemente sabio para saber cuándo detenerte.

(PROVERBIOS 23:4, NTV**)**

El que trabaja la tierra tendrá abundante comida; el que sueña despierto solo abundará en pobreza.

(PROVERBIOS 28:19, NVI**)**

Nada hay mejor para el hombre que comer y beber y decirse que su trabajo es bueno. Esto también yo he visto que es de la mano de Dios.

(ECLESIASTÉS 2:24, LBLA**)**

Sé que no hay nada mejor para ellos que regocijarse y hacer el bien en su vida; además, que todo hombre que coma y beba y vea lo bueno en todo su trabajo, eso es don de Dios. (ECLESIASTÉS 3:12-13, LBLA)

¿Qué puedo decir de las casas de los perversos que se llenaron de riquezas obtenidas con estafa? ¿Qué de la práctica repugnante de pesar el grano con medidas falsas? ¿Cómo podré tolerar a tus mercaderes que usan balanzas y pesas adulteradas? Los ricos entre ustedes llegaron a tener mucho dinero mediante la extorsión y la violencia. Tus habitantes están tan acostumbrados a mentir, que su lengua ya no puede decir la verdad.

¡Por lo tanto, yo te heriré! Te dejaré en la ruina a causa de todos tus pecados. Comerás pero no quedarás satisfecho. Las punzadas de hambre y el vacío de tu estómago no cesarán. Aunque intentes ahorrar dinero, al final no te quedará nada. Guardarás un poco, pero se lo daré a tus conquistadores. (MIQUEAS 6:10-14, NTV)

Por medio del profeta Miqueas, en el Antiguo Testamento, Dios reprendió a su pueblo por no trabajar con honradez para obtener su dinero.

«El reino del cielo es como un propietario que salió temprano por la mañana con el fin de contratar trabajadores para su viñedo. Acordó pagar el salario[a] normal de un día de trabajo y los envió a trabajar.

»A las nueve de la mañana, cuando pasaba por la plaza, vio a algunas personas que estaban allí sin hacer nada. Entonces las contrató y les dijo que, al final del día, les pagaría lo que fuera justo. Así que fueron a trabajar al viñedo. El propietario hizo lo mismo al mediodía y a las tres de la tarde.

»A las cinco de la tarde, se encontraba nuevamente en la ciudad y vio a otros que estaban allí. Les preguntó: "¿Por qué ustedes no trabajaron hoy?".

»Ellos contestaron: "Porque nadie nos contrató".

»El propietario les dijo: "Entonces vayan y únanse a los otros en mi viñedo".

»Aquella noche, le dijo al capataz que llamara a los trabajadores y les pagara, comenzando por los últimos que había contratado. Cuando recibieron su paga los que habían sido contratados a las cinco de la tarde, cada uno recibió el salario por una jornada completa. Cuando los que habían sido contratados primero llegaron a recibir su paga, supusieron que recibirían más; pero a ellos también se les pagó el salario de un día. Cuando recibieron la paga, protestaron contra el propietario: "Aquellos trabajaron sólo una hora, sin embargo, se les ha pagado lo mismo que a nosotros, que trabajamos todo el día bajo el intenso calor".

»Él le respondió a uno de ellos: "Amigo, ¡no he sido injusto! ¿Acaso tú no acordaste conmigo que trabajarías todo el día por el salario acostumbrado? Toma tu dinero y vete. Quise pagarle a este último trabajador lo mismo que a ti. Acaso es contra la ley que yo haga lo que quiero con mi dinero? ¿Te pones celoso porque soy bondadoso con otros?".

»Así que los que ahora son últimos, ese día serán los primeros, y los primeros serán los últimos».
(MATEO 20:1-16, NTV)

Aunque el dinero no es el punto principal de esta historia que contó Jesús, Él enseña que los trabajadores que estuvieron de acuerdo con cierto salario no tienen motivos para estar celosos de otros a los que se les pagó más.

Pablo les escribió a varias iglesias acerca de trabajar duro para ganar dinero:

El que antes robaba, que no vuelva a robar; al contrario, que trabaje y use sus manos para el bien, a fin de que pueda compartir algo con quien tenga alguna necesidad. **(EFESIOS 4:28, RVC)**

Y todo lo que hagan, háganlo de corazón, como para el Señor y no como para la gente, porque ya saben que el Señor les dará la herencia como recompensa, pues ustedes sirven a Cristo el Señor.
(COLOSENSES 3:23-24, RVC)

Pónganse como objetivo vivir una vida tranquila, ocúpense de sus propios asuntos y trabajen con sus manos, tal como los instruimos anteriormente. Entonces la gente que no es cristiana respetará la manera en que ustedes viven, y no tendrán que depender de otros.
(1 TESALONICENSES 4:11-12, NTV)

Y ahora, amados hermanos, les damos el siguiente mandato en el nombre de nuestro Señor Jesucristo: aléjense de todos los creyentes que llevan vidas ociosas y que no siguen la tradición que recibieron de nosotros. Pues ustedes saben que deben imitarnos. No estuvimos sin hacer nada cuando los visitamos a ustedes. En ningún momento aceptamos comida de nadie sin pagarla. Trabajamos mucho de día y de noche a fin de no ser una carga para ninguno de ustedes. Por cierto, teníamos el derecho de pedirles que nos alimentaran, pero quisimos dejarles un ejemplo que seguir. Incluso mientras estábamos con ustedes les dimos la siguiente orden: «Los que no están dispuestos a trabajar que tampoco coman».

Sin embargo, oímos que algunos de ustedes llevan vidas de ocio, se niegan a trabajar y se entrometen en los asuntos de los demás. Les ordenamos a tales personas y les rogamos en el nombre del Señor Jesucristo que se tranquilicen y que trabajen para ganarse la vida.
(2 TESALONICENSES 3:6-12, NTV)

Las tretas para enriquecerse con rapidez

La riqueza lograda de la noche a la mañana pronto desaparece; pero la que es fruto del arduo trabajo, aumenta con el tiempo. (**PROVERBIOS 13:11**, NTV)

Los planes bien pensados y el arduo trabajo llevan a la prosperidad, pero los atajos tomados a la carrera conducen a la pobreza. (**PROVERBIOS 21:5**, NTV)

Tratar de enriquecerse rápidamente es malo y conducen a la pobreza. (**PROVERBIOS 28:22**, LBD)

El pago de salarios

No defraudes ni le robes a tu prójimo. No retengas hasta el día siguiente el salario de tus obreros contratados. (**LEVÍTICO 19:13**, NTV)

En la época de Moisés, a los trabajadores se les pagaba a diario, así que les resultaba difícil tener que esperar por el dinero ganado. Hoy en día, sería un asunto de pagar con regularidad: semanal, quincenal o mensual.

No te aproveches del empleado pobre y necesitado, sea éste un compatriota israelita o un extranjero. Le pagarás su jornal cada día, antes de la puesta del sol, porque es pobre y cuenta sólo con ese dinero. De lo contrario, él clamará al Señor contra ti y tú resultarás convicto de pecado. (**DEUTERONOMIO 24:14-15**, NVI)

«De modo que me acercaré a ustedes para juicio. Estaré presto a testificar contra los hechiceros, los adúlteros y los perjuros, contra los que explotan a sus asalariados; contra los que oprimen a las viudas y a los huérfanos, y niegan el derecho del extranjero, sin mostrarme ningún temor —dice el Señor Todopoderoso. (**MALAQUÍAS 3:5**, NVI)

Dios castigará a los empleadores que no le paga
a la gente que trabaja para ellos.
De acuerdo con Jesús:

El trabajador tiene derecho a su sueldo.
(**LUCAS 10:7**, NVI)

Ahora bien, cuando alguien trabaja, no se le toma en cuenta el salario como un favor sino como una deuda.
(**ROMANOS 4:4**, NVI)

Nos hemos enterado de que entre ustedes hay algunos que andan de vagos, sin trabajar en nada, y que sólo se ocupan de lo que no les importa. A tales personas les ordenamos y exhortamos en el Señor Jesucristo que tranquilamente se pongan a trabajar para ganarse la vida. (**2 TESALONICENSES 3:11-12**, NVI)

Los ancianos que dirigen bien los asuntos de la iglesia son dignos de doble honor, especialmente los que dedican sus esfuerzos a la predicación y a la enseñanza. Pues la Escritura dice: «No le pongas bozal al buey mientras esté trillando», y «El trabajador merece que se le pague su salario». (**1 TIMOTEO 5:17-18**, NVI)

Al igual que los animales tenían derecho a comer granos mientras trillaban («No le pongas bozal al buey mientras esté trillando»), los trabajadores hoy en día tienen derecho a salarios justos.

Oigan cómo clama contra ustedes el salario no pagado a los obreros que les trabajaron sus campos. El clamor de esos trabajadores ha llegado a oídos del Señor Todopoderoso. (**SANTIAGO 5:4**, NVI)

El pago de los impuestos

Pero hubo también en Jerusalén reyes poderosos que controlaron a Jerusalén y a toda la provincia al occidente del río Éufrates. A ellos se les pagaban tributos, impuestos y rentas. (**ESDRAS 4:20**, PDT)

Incluso en los tiempos del Antiguo Testamento, la gente les pagaba impuestos a los órganos de gobierno.

Cuando Jesús y sus discípulos llegaron a Capernaúm, los que cobraban el impuesto del templo se acercaron a Pedro y le preguntaron:

—¿Su maestro no paga el impuesto del templo?

—Sí, lo paga —respondió Pedro.

Al entrar Pedro en la casa, se adelantó Jesús a preguntarle:

—¿Tú qué opinas, Simón? Los reyes de la tierra, ¿a quiénes cobran tributos e impuestos: a los suyos o a los demás?

—A los demás —contestó Pedro.

—Entonces los suyos están exentos —le dijo Jesús—. Pero, para no escandalizar a esta gente, vete al lago y echa el anzuelo. Saca el primer pez que pique; ábrele la boca y encontrarás una moneda. Tómala y dásela a ellos por mi impuesto y por el tuyo.

(**MATEO 17:24-27**, NVI)

Entonces, para acecharlo, enviaron espías que fingían ser gente honorable. Pensaban atrapar a Jesús en algo que él dijera, y así poder entregarlo a la jurisdicción del gobernador.

—Maestro —dijeron los espías—, sabemos que lo que dices y enseñas es correcto. No juzgas por las apariencias, sino que de verdad enseñas el camino de Dios. ¿Nos está permitido pagar impuestos al césar o no?

Pero Jesús, dándose cuenta de sus malas intenciones, replicó:

—Muéstrenme una moneda romana. ¿De quién son esta imagen y esta inscripción?

—Del césar —contestaron.

—Entonces denle al césar lo que es del césar, y a Dios lo que es de Dios. (**LUCAS 20:20-25**, NVI)

Sométase toda persona a las autoridades que gobiernan; porque no hay autoridad sino de Dios, y las que existen, por Dios son constituidas. Por consiguiente, el que resiste a la autoridad, a lo ordenado por Dios se ha opuesto; y los que se han opuesto, sobre sí recibirán condenación. Porque los gobernantes no son motivo de temor para los de buena conducta, sino para el que hace el mal. ¿Deseas, pues, no temer a la autoridad? Haz lo bueno y tendrás elogios de ella, pues es para ti

un ministro de Dios para bien. Pero si haces lo malo, teme; porque no en vano lleva la espada, pues ministro es de Dios, un vengador que castiga al que practica lo malo. Por tanto, es necesario someterse, no sólo por razón del castigo, sino también por causa de la conciencia. Pues por esto también pagáis impuestos, porque los gobernantes son servidores de Dios, dedicados precisamente a esto. Pagad a todos lo que debáis; al que impuesto, impuesto; al que tributo, tributo; al que temor, temor; al que honor, honor.
(ROMANOS 13:1-7, LBLA)

Someteos a toda autoridad humana por causa del Señor, ya sea al rey como al superior, ya sea a los gobernadores, como a enviados por él para castigo de los malhechores y para alabanza de los que hacen bien.
(1 PEDRO 2:13-14, BTX)

El sometimiento a los gobiernos incluye la obediencia a las leyes acerca del pago de los impuestos.

CONTÉNTATE CON LO QUE TIENES

Los anuncios de la televisión y la radio, las propagandas de las revistas y los periódicos, las vallas publicitarias y lo que tienen otras personas nos atraen a comprar más.

Al cabo de meses, o a menudo semanas, la computadora o el teléfono celular que compraste estarán anticuados, y sentirás la tentación de cambiarlos por un modelo más rápido, más nuevo y con más funciones.

Quizá tus armarios y cajones revientan de cosas que compraste y que tal vez ya ni uses. O que tu sótano y tu desván estén tan llenos que no puedas guardar otra caja allí, y estés considerando alquilar una unidad de almacenamiento para lo sobrante... si es que no la tienes ya.

¿Te sientes como que lo que tienes no es suficiente?

El contentamiento no es fácil, pero la Biblia enseña que es posible contentarse con lo que se tiene.

Mejor es lo poco del justo que la abundancia de muchos impíos. (**SALMO 37:16**, LBLA)

Mejor es lo poco con justicia que la muchedumbre de frutos sin derecho. (**PROVERBIOS 16:8**, RV-60)

Aleja de mí la mentira y las palabras engañosas, no me des pobreza ni riqueza; dame a comer mi porción de pan, no sea que me sacie y te niegue, y diga: «¿Quién es el SEÑOR?» O que sea menesteroso y robe, y profane el nombre de mi Dios. (**PROVERBIOS 30:8-9**, NBLH)

El pan nuestro de cada día, dánoslo hoy.
(**MATEO 6:11**, RV-60)

Jesús nos enseñó cómo orar. En lugar de preocuparte, pídele a Dios todos los días lo que necesitas.

Luego observé que a la mayoría de la gente le interesa alcanzar el éxito porque envidia a sus vecinos; pero eso tampoco tiene sentido, es como perseguir el viento. (**ECLESIASTÉS 4:4**, NTV)

Vi a un hombre solitario, sin hijos ni hermanos, y que nunca dejaba de afanarse; ¡jamás le parecían demasiadas sus riquezas! «¿Para quién trabajo tanto, y me abstengo de las cosas buenas?», se preguntó. ¡También esto es absurdo, y una penosa tarea! (**ECLESIASTÉS 4:8**, NVI)

La gente trabajadora siempre duerme bien, coma mucho o coma poco; pero los ricos rara vez tienen una buena noche de descanso. (**ECLESIASTÉS 5:12**, NTV)

Disfruta de lo que tienes en lugar de desear lo que no tienes; soñar con tener cada vez más no tiene sentido, es como perseguir el viento. (**ECLESIASTÉS 6:9**, NTV)

Jesús enseñó: «Por eso les digo que no se preocupen por la vida diaria, si tendrán suficiente alimento y bebida, o suficiente ropa para vestirse. ¿Acaso no es la vida más que la comida y el cuerpo más que la ropa? Miren los pájaros. No plantan ni cosechan ni guardan comida en graneros, porque el Padre celestial los alimenta. ¿Y no son ustedes para él mucho más valiosos que ellos? ¿Acaso con todas sus preocupaciones pueden añadir un solo momento a su vida?

»¿Y por qué preocuparse por la ropa? Miren cómo crecen los lirios del campo. No trabajan ni cosen su ropa; sin embargo, ni Salomón con toda su gloria se vistió tan hermoso como ellos. Si Dios cuida de manera tan maravillosa a las flores silvestres que hoy están y mañana se echan al fuego, tengan por seguro que cuidará de ustedes. ¿Por qué tienen tan poca fe?

»Así que no se preocupen por todo eso diciendo: "¿Qué comeremos?, ¿qué beberemos?, ¿qué ropa nos pondremos?". Esas cosas dominan el pensamiento de los incrédulos, pero su Padre celestial ya conoce todas sus necesidades. Busquen el reino de Dios por encima de todo lo demás y lleven una vida justa, y él les dará todo lo que necesiten.

»Así que no se preocupen por el mañana, porque el día de mañana traerá sus propias preocupaciones. Los problemas del día de hoy son suficientes por hoy». (MATEO 6:25-34, NTV)

Debido a que Dios se hará cargo de tus necesidades, puedes estar contento con lo que te ha dado Él.

—¿Qué debemos hacer nosotros? —preguntaron algunos soldados.

Juan les contestó:

—No extorsionen ni hagan falsas acusaciones, y estén satisfechos con su salario. (LUCAS 3:14, NTV)

Hay dolor en nuestro corazón, pero siempre tenemos alegría. Somos pobres, pero damos riquezas espirituales a otros. No poseemos nada, y sin embargo, lo tenemos todo. (**2 CORINTIOS 6:10**, NTV)

Pablo le escribió a la iglesia en Éfeso: Me alegro muchísimo en el Señor de que al fin hayan vuelto a interesarse en mí. Claro está que tenían interés, sólo que no habían tenido la oportunidad de demostrarlo. No digo esto porque esté necesitado, pues he aprendido a estar satisfecho en cualquier situación en que me encuentre. Sé lo que es vivir en la pobreza, y lo que es vivir en la abundancia. He aprendido a vivir en todas y cada una de las circunstancias, tanto a quedar saciado como a pasar hambre, a tener de sobra como a sufrir escasez. Todo lo puedo en Cristo que me fortalece.
(**FILIPENSES 4:10-13**, NVI)

Más adelante, Pablo le escribió a Timoteo: Pero la piedad, en efecto, es un medio de gran ganancia cuando va acompañada de contentamiento. Porque nada hemos traído al mundo, así que nada podemos sacar de él. Y si tenemos qué comer y con qué cubrirnos, con eso estaremos contentos. (**1 TIMOTEO 6:6-8**, LBLA)

Manténganse libres del amor al dinero, y conténtense con lo que tienen, porque Dios ha dicho: «Nunca te dejaré; jamás te abandonaré». **(HEBREOS 13:5,** NVI**)**

CAPÍTULO

4

USA TU DINERO
CON SABIDURÍA

¿Estas situaciones te parecen conocidas? Aunque quizá percibas un buen salario, te queda poco dinero después de pagar las cuentas, a fin de ahorrar para inesperadas reparaciones, sustituir artículos costosos o tomar unas muy necesitadas vacaciones.

Tal vez hayas analizado tu cuenta de ahorros y te hayas dado cuenta de que si pierdes tu empleo, no tienes la suficiente protección económica para pagar tus cuentas por algunos meses hasta que encuentres otro empleo.

O estás pensando en la futura jubilación, pero con el poco dinero ahorrado para vivir, es posible que no te puedas retirar cuando quieras... o nunca.

La Biblia no solo ofrece orientación acerca de ganar dinero, sino también respecto a cómo usar tu dinero con sabiduría.

Ahorro

Tú, holgazán, aprende una lección de las hormigas. ¡Aprende de lo que hacen y hazte sabio! A pesar de que no tienen príncipe ni gobernador ni líder que las haga trabajar, se esfuerzan todo el verano, juntando alimento para el invierno. **(PROVERBIOS 6:6-8,** NTV**)**

Los planes bien pensados y el arduo trabajo llevan a la prosperidad, pero los atajos tomados a la carrera conducen a la pobreza. **(PROVERBIOS 21:5,** NTV**)**

> *Es mejor planear por adelantado y ahorrar dinero para lo que quieres que gastar el dinero que no tienes para obtenerlo ahora.*

Los sabios tienen riquezas y lujos, pero los necios gastan todo lo que consiguen. **(PROVERBIOS 21:20,** NTV**)**

El prudente se anticipa al peligro y toma precauciones [...] El simplón sigue adelante a ciegas y sufre las consecuencias. **(PROVERBIOS 22:3; 27:12,** NTV**)**

> *Este pasaje bíblico se repite dos veces en Proverbios. Prepararse de manera financiera*

guardando dinero para necesidades futuras evi-
tará problemas monetarios más tarde.

Gasto

El que es fiel en lo muy poco, es fiel también en lo
mucho; y el que es injusto en lo muy poco, también
es injusto en lo mucho. Por tanto, si no habéis sido
fieles en el uso de las riquezas injustas, ¿quién os con-
fiará las riquezas verdaderas? Y si no habéis sido fieles
en el uso de lo ajeno, ¿quién os dará lo que es vuestro?

   Ningún siervo puede servir a dos señores, porque
o aborrecerá a uno y amará al otro, o se apegará a uno
y despreciará al otro. No podéis servir a Dios y a las
riquezas. (**LUCAS 16:10-13,** LBLA)

Dios espera que las personas usen su dinero con
sabiduría y que sean fieles con lo que tienen, sin
importar lo poco que sea este.

Ahora bien, además se requiere de los administradores
que cada uno sea hallado fiel. (**1 CORINTIOS 4:2,** LBLA)

Un administrador es una persona que está a
cargo del dinero y las posesiones de otra perso-
na. Dios confía en ti con el dinero que tienes y
espera que lo uses con sabiduría, sin malgastarlo
ni desperdiciarlo.

Miren que por tercera vez estoy listo para visitarlos, y no les seré una carga, pues no me interesa lo que ustedes tienen sino lo que ustedes son. Después de todo, no son los hijos los que deben ahorrar para los padres, sino los padres para los hijos. (**2 CORINTIOS 12:14,** NVI)

Reconoce debidamente a las viudas que de veras están desamparadas. Pero si una viuda tiene hijos o nietos, que éstos aprendan primero a cumplir sus obligaciones con su propia familia y correspondan así a sus padres y abuelos, porque eso agrada a Dios. La viuda desamparada, como ha quedado sola, pone su esperanza en Dios y persevera noche y día en sus oraciones y súplicas. En cambio, la viuda que se entrega al placer ya está muerta en vida. Encárgales estas cosas para que sean intachables. El que no provee para los suyos, y sobre todo para los de su propia casa, ha negado la fe y es peor que un incrédulo. (**1 TIMOTEO 5:3-8,** NVI)

Inversión

En la casa del justo hay gran abundancia; en las ganancias del malvado, grandes problemas.
(**PROVERBIOS 15:6,** NVI)

Una interpretación de este versículo es que las personas piadosas que invierten su dinero con sabiduría no quedarán arruinadas. Otra interpretación es que esto es un recordatorio para las personas malvadas de que Dios causará que pierdan el dinero que obtuvieron de manera deshonesta.

Hay un grave mal que he visto bajo el sol: las riquezas guardadas por su dueño para su mal; cuando esas riquezas se pierden por un mal negocio, y él engendra un hijo, no queda nada para mantenerlo.
(ECLESIASTÉS 5:13-14, LBLA)

«El reino de los cielos será también como un hombre que, al emprender un viaje, llamó a sus siervos y les encargó sus bienes. A uno le dio cinco mil monedas de oro, a otro dos mil y a otro sólo mil, a cada uno según su capacidad. Luego se fue de viaje. El que había recibido las cinco mil fue en seguida y negoció con ellas y ganó otras cinco mil. Así mismo, el que recibió dos mil ganó otras dos mil. Pero el que había recibido mil fue, cavó un hoyo en la tierra y escondió el dinero de su señor.

»Después de mucho tiempo volvió el señor de aquellos siervos y arregló cuentas con ellos. El que había recibido las cinco mil monedas llegó con las otras cinco mil. "Señor —dijo—, usted me encargó cinco mil monedas. Mire, he ganado otras cinco mil." Su señor le respondió: "¡Hiciste bien, siervo bueno y fiel! En lo poco has sido fiel; te pondré a cargo de mucho más. ¡Ven a compartir la felicidad de tu señor!" Llegó también el que recibió dos mil monedas. "Señor —informó—, usted me encargó dos mil monedas. Mire, he ganado otras dos mil." Su señor le respondió: "¡Hiciste bien, siervo bueno y fiel! Has sido fiel en lo poco; te pondré a cargo de mucho más. ¡Ven a compartir la felicidad de tu señor!"

»Después llegó el que había recibido sólo mil monedas. "Señor —explicó—, yo sabía que usted es un hombre duro, que cosecha donde no ha sembrado y recoge donde no ha esparcido. Así que tuve miedo, y fui y escondí su dinero en la tierra. Mire, aquí tiene lo que es suyo." Pero su señor le contestó: "¡Siervo malo y perezoso! ¿Así que sabías que cosecho donde no he sembrado y recojo donde no he esparcido? Pues debías haber depositado mi dinero en el banco, para que a mi regreso lo hubiera recibido con intereses.

»"Quítenle las mil monedas y dénselas al que tiene las diez mil. Porque a todo el que tiene, se le dará más, y tendrá en abundancia. Al que no tiene se le quitará hasta lo que tiene. Y a ese siervo inútil échenlo afuera, a la oscuridad, donde habrá llanto y rechinar de dientes"». **(MATEO 25:14-30, NVI)**

El tema principal de esta parábola que enseñó Jesús está en usar los dones que Dios les da a los cristianos para servirle mientras están aquí en la tierra. No obstante, también ilustra la necesidad de invertir dinero con sabiduría para ganar, en lugar de no hacer nada con él.

Deja una herencia

El hombre de bien deja herencia a sus nietos; las riquezas del pecador se quedan para los justos.
(PROVERBIOS 13:22, nvi**)**

Una herencia que se obtiene demasiado temprano en
la vida al final no es de bendición.
(PROVERBIOS 20:21, ntv**)**

> *Algunas veces, el dinero heredado conduce a la*
> *pereza y a una falta de aprecio por lo que tiene*
> *una persona.*

CAPÍTULO

5

APRENDE ACERCA DE LOS PRÉSTAMOS

En el *Hamlet* de Shakespeare, Polonio le ofreció este sabio consejo a su hijo, quien se marchaba a París: «No pidas ni des prestado a nadie, pues el prestar hace perder a un tiempo el dinero y al amigo, y el tomar prestado embota el filo de la economía». Su consejo todavía es bueno hoy en día. Una manera casi segura de destruir una relación es al prestar o pedir prestado dinero a un familiar o a un amigo.

A pesar de la gran posibilidad de que los préstamos lleguen a ser conflictivos, Dios no te pide que evites del todo los préstamos. En su lugar, Él nos da pautas para pedir prestado y prestar dinero.

Petición de dinero prestado

Los malvados piden prestado y no pagan, pero los justos dan con generosidad. (**SALMO 37:21,** NVI)

> *Aunque no debas esperar que te reembolsen un préstamo, si pides dinero prestado, Dios espera que lo reembolses.*

Los ricos son los amos de los pobres; los deudores son esclavos de sus acreedores. (**PROVERBIOS 22:7,** NVI)

> *Como escribiera el rey Salomón: pedir prestado dinero te hace esclavo del prestamista.*

Paguen a cada uno lo que le corresponda: si deben impuestos, paguen los impuestos; si deben contribuciones, paguen las contribuciones; al que deban respeto, muéstrenle respeto; al que deban honor, ríndanle honor. No tengan deudas pendientes con nadie, a no ser la de amarse unos a otros. De hecho, quien ama al prójimo ha cumplido la ley. (**ROMANOS 13:7-8,** NVI)

> *Pablo, al escribirles a los cristianos en Roma, les dijo que les pagaran lo que les debían a otras personas, incluyendo los préstamos.*

Préstamo de dinero

Si uno de ustedes presta dinero a algún necesitado de mi pueblo, no deberá tratarlo como los prestamistas ni le cobrará intereses. (**ÉXODO 22:25,** NVI)

Si alguno de tus compatriotas se empobrece y no tiene cómo sostenerse, ayúdale como lo harías con el extranjero o con el residente transitorio; así podrá seguir viviendo entre ustedes. No le exigirás interés cuando le prestes dinero o víveres, sino que temerás a tu Dios; así tu compatriota podrá seguir viviendo entre ustedes. Tampoco le prestarás dinero con intereses ni le impondrás recargo a los víveres que le fíes.
(**LEVÍTICO 25:35-37,** NVI)

Cuando en alguna de las ciudades de la tierra que el SEÑOR tu Dios te da veas a un hermano hebreo pobre, no endurezcas tu corazón ni le cierres tu mano. Antes bien, tiéndele la mano y préstale generosamente lo que necesite. (**DEUTERONOMIO 15:7-8,** NVI)

No le cobres intereses a tu hermano sobre el dinero, los alimentos, o cualquier otra cosa que gane intereses. Cóbrale intereses a un extranjero, pero no a un hermano israelita. Así el SEÑOR tu Dios bendecirá todo el trabajo de tus manos en el territorio del que vas a tomar posesión. **(DEUTERONOMIO 23:19-20,** NVI**)**

Y después de reflexionar, reprendí a los nobles y gobernantes:

—¡Es inconcebible que sus propios hermanos les exijan el pago de intereses!

Convoqué además una gran asamblea contra ellos, y allí les recriminé:

—Hasta donde nos ha sido posible, hemos rescatado a nuestros hermanos judíos que fueron vendidos a los paganos. ¡Y ahora son ustedes quienes venden a sus hermanos, después de que nosotros los hemos rescatado!

Todos se quedaron callados, pues no sabían qué responder.

Yo añadí:

—Lo que están haciendo ustedes es incorrecto. ¿No deberían mostrar la debida reverencia a nuestro Dios y evitar así el reproche de los paganos, nuestros enemigos? Mis hermanos y mis criados, y hasta yo mismo, les hemos prestado dinero y trigo. Pero ahora, ¡quitémosles esa carga de encima! **(NEHEMÍAS 5:7-10,** NVI**)**

Cuando una generación posterior de israelitas quebrantó el mandamiento de Dios, Nehemías reprendió a sus compatriotas por el cargo de intereses en los préstamos.

¿Quién, Señor, puede habitar en tu santuario? ¿Quién puede vivir en tu santo monte? Sólo el de conducta intachable, que practica la justicia y de corazón dice la verdad [...] que presta dinero sin ánimo de lucro, y no acepta sobornos que afecten al inocente. El que así actúa no caerá jamás. (**SALMO 15:1-2, 5,** NVI)

He sido joven y ahora soy viejo, pero nunca he visto justos en la miseria, ni que sus hijos mendiguen pan. Prestan siempre con generosidad; sus hijos son una bendición. (**SALMO 37:25-26,** NVI)

Les va bien a los que prestan dinero con generosidad y manejan sus negocios equitativamente.
(**SALMO 112:5,** NTV)

Prestar dinero a las personas necesitadas es una buena obra que Dios recompensará, aunque no necesariamente de manera económica.

Servir al pobre es hacerle un préstamo al Señor; Dios pagará esas buenas acciones. (**PROVERBIOS 19:17,** NVI)

El que aumenta su riqueza por interés y usura, la recoge para el que se apiada de los pobres.
(PROVERBIOS 28:8, LBLA)

> *Si alguien cobra una cantidad excesiva de intereses por un préstamo, esa persona no se beneficiará por esto. De todas maneras, Dios se asegurará de que termine con los pobres.*

Quien es justo practica el derecho y la justicia [...] No oprime a nadie, ni roba, sino que devuelve la prenda al deudor, da de comer al hambriento y viste al desnudo. No presta dinero con usura ni exige intereses. Se abstiene de hacer el mal y juzga imparcialmente entre los rivales. Obedece mis decretos y cumple fielmente mis leyes. Tal persona es justa, y ciertamente vivirá. Lo afirma el SEÑOR omnipotente. Pero bien puede suceder que esa persona tenga un hijo violento y homicida, que no siga su ejemplo [...] que, además, preste dinero con usura y exija intereses. ¿Tal hijo merece vivir? ¡Claro que no! Por haber incurrido en estos actos asquerosos, será condenado a muerte, y de su muerte sólo él será responsable. **(EZEQUIEL 18:5,** 7-10, 13, NVI)

Al que te pida, dale; y al que quiera tomar de ti prestado, no le vuelvas la espalda. **(MATEO 5:42,** NVI)

¿Enseñaba Jesús que debes prestar dinero ante cada petición que se te presente, sin importar para lo que sea? Basado en el resto de la Escritura, la mayoría de los comentaristas dirían que no. Él espera que tú uses el discernimiento y des préstamos para necesidades genuinas, no debido a peticiones egoístas o insensatas.

Si le prestas algo a tu vecino, no entres en su casa para tomar el objeto que tiene que darte como garantía. Debes esperar afuera hasta que él entre y te lo traiga. Si tu vecino es pobre y te da su abrigo como garantía por un préstamo, no retengas la prenda durante la noche. Devuélvela a su dueño antes de que caiga el sol, para que pueda abrigarse durante la noche y te bendiga; y el Señor tu Dios te considerará justo.
(DEUTERONOMIO 24:10-13, NTV)

¿Y qué mérito tienen ustedes al dar prestado a quienes pueden corresponderles? Aun los pecadores se prestan entre sí, esperando recibir el mismo trato. Ustedes, por el contrario, amen a sus enemigos, háganles bien y denles prestado sin esperar nada a cambio. Así tendrán una gran recompensa y serán hijos del Altísimo, porque él es bondadoso con los ingratos y malvados.
(LUCAS 6:34-35, NVI)

Si consideras un préstamo para un regalo, no te decepcionarás cuando el solicitante del préstamo no te lo reembolse. Además, seguirás el ejemplo de Dios de cómo Él nos trata con generosidad.

Jubileo

El Señor le dijo a Moisés en el monte Sinaí: «Diles a los israelitas que cuando entren a la tierra que les voy a dar, la tierra cada siete años debe descansar todo un año, en honor al Señor. Durante seis años pueden sembrar sus campos, podar sus viñedos y recolectar los frutos, pero el séptimo año será un tiempo de completo descanso para la tierra, en honor al Señor. Ustedes no deben sembrar los campos, podar las viñas, cosechar lo que crezca por sí solo, ni recolectar las uvas de los viñedos sin podar. Ese será un año de completo descanso para la tierra.

»Pero lo que la tierra produzca por sí sola en el año de descanso será de ustedes, para que lo coman ustedes, sus sirvientes, sus trabajadores y los extranjeros que vivan con ustedes. También será para que coman su ganado y los animales salvajes del país; se podrá comer todo lo que la tierra produzca ese año.

»Cuenten siete grupos de siete años cada uno, o sea, cuenten siete veces siete años. Ese período de tiempo de siete grupos de siete años cada uno les dará un total de cuarenta y nueve años. El día diez del mes séptimo, o sea el día del Perdón, tocarán el cuerno de carnero por todo el país, el año cincuenta se proclamará santo y se declarará la libertad para todo el que viva en el país. Ese año se llamará el año del Jubileo. Cada uno de ustedes recuperará su propiedad y volverá a su familia. Ese año cincuenta será un Jubileo para ustedes. No deberán sembrar ni cosechar los cultivos que crezcan por sí mismos, ni recolectar las uvas de los viñedos sin podar porque es Jubileo. Ese año será sagrado para ustedes y solamente podrán comer lo que produzca la tierra por sí sola. En el año del Jubileo cada uno de ustedes volverá a su propiedad.

»Cuando ustedes le vendan o le compren a otro una propiedad, no se hagan trampa entre ustedes. El que compra debe comprar a un precio proporcional al año del último Jubileo y el que venda debe vender a un precio proporcional al año del próximo Jubileo. Entre más años falten para el próximo Jubileo, más alto será el precio. Entre menos años falten para el próximo Jubileo, más bajo será el precio. Esto se debe a que en realidad lo que se compra y lo que se vende son el número de cosechas que producirá la propiedad. No se hagan trampa entre ustedes sino respeten a Dios porque yo soy el Señor su Dios.

»Ustedes deben obedecer mis leyes, cumplir mis mandamientos y ponerlos en práctica para que puedan vivir en la tierra de una manera segura. El campo producirá sus cosechas, tendrán suficiente para comer y vivirán con seguridad en la tierra.

»Y si ustedes dicen: "¿Qué comeremos en el séptimo año si no podemos sembrar ni cosechar?" Yo enviaré mi bendición el sexto año de tal manera que ese año la tierra produzca suficiente para tres años. Cuando vuelvan a sembrar en el octavo año, ustedes todavía estarán comiendo de la última cosecha, e incluso en el noveno año estarán comiendo todavía de la última cosecha hasta que llegue la cosecha nueva.

»La tierra no debe venderse a perpetuidad porque la tierra es mía. Ustedes sólo son inmigrantes y huéspedes míos viviendo conmigo en mi tierra. En todo el país que ustedes poseen, deben permitir que la tierra pueda ser comprada de nuevo por el que la vendió. Si un israelita se empobrece y vende parte de su tierra, su pariente cercano debe venir y comprar de nuevo lo que vendió su pariente. Si no tiene un pariente cercano para que compre, pero consigue suficiente dinero para comprar de nuevo su tierra, entonces debe contar los años desde que la vendió, y pagar el precio que corresponda a quien se la vendió y volver a su tierra. Pero si no puede comprarla de nuevo, lo que vendió permanecerá en posesión del comprador hasta el año del Jubileo. Ese año la tierra será librada y el dueño original volverá a su tierra.

»Si alguien vende una casa en una ciudad amurallada, podrá comprarla de nuevo dentro del año siguiente de haberla vendido. El derecho de comprarla de nuevo está limitado a un año. Si la casa no es comprada de nuevo antes de que se complete el año, entonces la casa en la ciudad amurallada será propiedad permanente del comprador y de sus descendientes. No será librada en el año del Jubileo. Pero las casas de pequeños pueblos sin murallas serán tratadas como las propiedades a campo abierto. Se podrán comprar de nuevo y serán libradas el año del Jubileo.

»Pero en cuanto a las ciudades de los levitas, ellos en cualquier momento podrán comprar de nuevo las casas que están dentro de las ciudades que les pertenezcan. Si alguien compra una casa que está dentro de las ciudades de los levitas, la casa le será devuelta al levita en el año del Jubileo, pues las casas que están en las ciudades de los levitas pertenecen a la tribu de Leví porque los israelitas se las dieron a ellos. Pero los campos alrededor de sus ciudades no se podrán vender porque serán propiedad de ellos para siempre.

»Si uno de sus compatriotas se empobrece y no puede sostenerse a sí mismo, ayúdenlo como se ayuda a un refugiado o inmigrante, para que pueda vivir con ustedes. No le cobren intereses sino muestren respeto a su Dios y colaboren para que la persona pueda seguir viviendo con ustedes. No le presten dinero a interés ni tampoco le fíen alimentos a interés. Yo soy el Señor su Dios, que los saqué a ustedes de Egipto para darles la tierra de Canaán y para ser su Dios.

»Si un compatriota se empobrece y se vende a ustedes, no lo obliguen a trabajar como un esclavo. Será como un trabajador o un inquilino. Él trabajará para ustedes hasta el año del Jubileo. Luego él y sus hijos podrán irse y volverán a su familia y a la tierra de sus antepasados. Porque ellos son esclavos míos, yo los saqué de Egipto y no pueden ser vendidos como esclavos. No lo traten cruelmente, sino demuestren que respetan a Dios.

»Sus esclavos y esclavas deben ser de las naciones vecinas; cómprenles a ellos esclavos y esclavas. También podrán comprarles esclavos a los hijos de los extranjeros que viven con ustedes o a sus familias que están con ustedes, que nacieron en su tierra. A ellos podrán comprarlos en propiedad y podrán ser parte de la herencia para sus hijos como propiedad permanente. Siempre podrán tener esclavos de otras naciones, pero no traten con crueldad a sus propios compatriotas, los israelitas.

»Si un inmigrante o un extranjero que vive en su país se enriquece, y en cambio un compatriota suyo se empobrece y se vende a sí mismo al inmigrante o a alguno de la familia del inmigrante, su compatriota tiene derecho a que se compre su libertad, aun después de haber sido vendido. Otro compatriota puede comprarlo de nuevo, un tío, un primo o cualquier otro pariente cercano, e incluso el que se vendió se puede comprar a sí mismo si consigue suficiente dinero para comprar su libertad.

»El que se vendió y quien lo compró calcularán el precio de su libertad, tomando en cuenta el período de tiempo entre el año en que se vendió a sí mismo y el año del Jubileo. El precio se basará en ese número de años y se pagará de acuerdo a como se paga el salario de un trabajador contratado. Si todavía faltan muchos años para el Jubileo, pagará su libertad en proporción a ellos, una parte de lo que se pagó cuando se vendió. Si faltan pocos años para el Jubileo, él contará los años que faltan y devolverá de acuerdo a ellos el dinero necesario para pagar el precio de su libertad. El israelita que esté en estas condiciones debe ser tratado como se trata a un trabajador contratado por años, el extranjero no podrá tratarlo cruelmente.

»Pero si al israelita no le es posible conseguir su libertad de alguna de las formas mencionadas, él y sus hijos conseguirán su libertad en el año del Jubileo. Porque es a mí a quien los israelitas deben servir porque ellos son mis esclavos. Yo los saqué de Egipto porque yo soy el Señor su Dios». (**LEVÍTICO 25**, PDT)

> *Dios se preocupa mucho por su pueblo y su tierra, así que Él establece un sistema especial en Israel, a fin de que no lo explotaran ni lo arruinaran debido a una vida imprudente. El año de jubileo permitía que una porción de la Tierra Prometida volviera al dueño original al que se lo había dado Dios.*

«Al final de cada séptimo año, tienes que anular las deudas de todos los que te deban dinero. Lo harás de la siguiente manera: cada uno anulará los préstamos que le haya hecho a otro hermano israelita; nadie exigirá ningún pago de sus vecinos ni de sus parientes, porque habrá llegado el tiempo del Señor para la liberación de las deudas. Sin embargo, esa liberación sólo sirve para tus hermanos israelitas, pero no para los extranjeros que vivan en medio de ti.

»No deberá haber pobres en medio de ti, porque el Señor tu Dios te bendecirá en abundancia en la tierra que te da como preciada posesión. Recibirás esa bendición si te aseguras de obedecer los mandatos del Señor tu Dios que te entrego hoy. El Señor tu Dios te bendecirá tal como lo prometió. Prestarás dinero a muchas naciones pero nunca tendrás necesidad de pedirles prestado. Tú gobernarás a muchas naciones, pero ellas no te gobernarán a ti.

»Pero si hubiera israelitas pobres en tus ciudades cuando llegues a la tierra que el Señor tu Dios te da, no seas insensible ni tacaño con ellos. En cambio, sé generoso y préstales lo que necesiten. No seas mezquino ni le niegues un préstamo a alguien por el hecho de que se acerca el año para anular las deudas. Si te niegas a dar el préstamo, y la persona con necesidad clama al Señor, serás culpable de pecado. Da al pobre con generosidad, no de mala gana, porque el Señor tu Dios te bendecirá en todo lo que hagas. Siempre habrá algunos que serán pobres en tu tierra, por eso te ordeno que compartas tus bienes generosamente con ellos y también con otros israelitas que pasen necesidad.

»Si tu hermano hebreo, hombre o mujer, se vende a ti como siervo y te sirve por seis años, al séptimo año deberás dejarlo en libertad.

»Cuando liberes a un siervo varón, no lo despidas con las manos vacías. Sé generoso con él y regálale como despedida algo de tus rebaños, de tus granos y de tus vinos. Dale parte de la abundante riqueza con la que el Señor tu Dios te haya bendecido. ¡Recuerda que una vez tú fuiste esclavo en la tierra de Egipto y que el Señor tu Dios te liberó! Por esa razón, te doy este mandato.

»Pero supongamos que tu siervo dice: "No te dejaré", porque se ha encariñado contigo y con tu familia, y le ha ido bien en tu casa. En ese caso, toma un punzón y perfórale el lóbulo de la oreja contra la puerta. Entonces será tu siervo por el resto de su vida. Haz lo mismo con tus siervas.

»No pienses que liberar a tus siervos es una gran pérdida. Recuerda que, durante seis años, te brindaron un servicio que vale el doble del salario de un obrero contratado, y el Señor tu Dios te bendecirá en todo lo que hagas». (**DEUTERONOMIO 15:1-18**, NTV)

Garante de los préstamos

Hijo mío, si has salido fiador por la deuda de un amigo o has aceptado garantizar la deuda de un extraño, si quedaste atrapado por el acuerdo que hiciste y estás enredado por tus palabras, sigue mi consejo y sálvate, pues te has puesto a merced de tu amigo. Ahora trágate tu orgullo; ve y suplica que tu amigo borre tu nombre. No postergues el asunto, ¡hazlo enseguida! No descanses hasta haberlo realizado. Sálvate como una gacela que escapa del cazador, como un pájaro que huye de la red. (**PROVERBIOS 6:1-5**, NTV)

Es peligroso dar garantía por la deuda de un desconocido; es más seguro no ser fiador de nadie.
(PROVERBIOS 11:15, NTV**)**

Es una insensatez dar garantía por la deuda de otro o ser fiador de un amigo. **(PROVERBIOS 17:18,** NTV**)**

No te comprometas a garantizar la deuda de otro ni seas fiador de nadie. **(PROVERBIOS 22:26,** NTV**)**

6

NO SEAS AVARICIOSO

Tú no tienes que ir en busca de ejemplos de avaricia. Este fuerte deseo de obtener cada vez más dinero y cosas, y luego hacer lo que sea a fin de conseguirlos, incluyendo acciones inmorales e ilegales, está a la orden del día.

Por ejemplo, el presidente de una compañía se da un aumento de quinientos mil dólares, al mismo tiempo que despide a un par de docenas de empleados. Los ejecutivos de una compañía de seguros se conceden bonos de millones de dólares, a pesar de que toma un rescate del gobierno para evitar que la empresa se declare en bancarrota. Un administrador de inversiones crea una gigantesca estratagema piramidal para estafar a la gente, y hasta a las instituciones benéficas, a través de sus ahorros, con el señuelo de grandes ingresos (pero por supuesto, las personas que invirtieron con él están ávidas también de esas ganancias).

Las estrellas de cine y los deportistas ganan millones al año y luchan por más aun, cuando ya están haciendo mucho más dinero que la mayoría de nosotros.

La avaricia es uno de los siete pecados capitales, y la Biblia tiene mucho que decir al respecto.

¿Acaso he puesto en el oro mi confianza, o le he dicho al oro puro: «En ti confío»? ¿Me he ufanado de mi gran fortuna, de las riquezas amasadas con mis manos? [...] ¡También este pecado tendría que ser juzgado, pues habría yo traicionado al Dios de las alturas! **(JOB 31:24-25, 28, NVI)**

Con arrogancia persigue el malvado al indefenso, pero se enredará en sus propias artimañas. El malvado hace alarde de su propia codicia; alaba al ambicioso y menosprecia al SEÑOR. **(SALMO 10:2-3, NVI)**

Las personas malvadas están llenas de sí mismas y preparan tretas para obtener todo lo que desean. Alaban la avaricia en lugar de alabar a Dios.

Inclina mi corazón hacia tus testimonios, y no hacia la avaricia. **(SALMO 119:36, RVC)**

Si dicen: Ven con nosotros, pongámonos al asecho para derramar sangre, sin causa asechemos al inocente, devorémoslos vivos como el Seol, enteros, como los que descienden al abismo; hallaremos toda clase de preciadas riquezas, llenaremos nuestras casas de botín; echa tu suerte con nosotros, todos tendremos una bolsa; hijo mío, no andes en el camino con ellos, aparta tu pie de su senda, porque sus pies corren hacia el mal, y a derramar sangre se apresuran. Porque es en vano tender la red ante los ojos de cualquier ave; pero ellos a su propia sangre asechan, tienden lazo a sus propias vidas. Tales son los caminos de todo el que se beneficia por la violencia: que quita la vida de sus poseedores. **(PROVERBIOS 1:11-19**, LBLA)

Salomón advirtió que la gente que hace lo malo, a fin de satisfacer su avaricia, cosechará lo que sembró y morirá como resultado.

El ambicioso acarrea mal sobre su familia; el que aborrece el soborno vivirá. **(PROVERBIOS 15:27**, NVI)

Hay quienes se la pasan codiciando todo el tiempo, ¡pero a los justos les encanta dar! **(PROVERBIOS 21:26**, NTV)

El que es ambicioso provoca peleas, pero el que confía en el Señor prospera. **(PROVERBIOS 28:25,** NVI**)**

«Dame y Dame» son las dos hijas que tiene la sanguijuela. **(PROVERBIOS 30:15,** PDT**)**

> *Las personas avariciosas, que son como insectos que chupan sangre, producen hijos ambiciosos.*

Al volverme hacia otro lado, vi otra vana ilusión en este mundo: un hombre solo, sin amigos ni hijos ni hermanos, que jamás se toma un momento de descanso y que nunca se cansa de contemplar sus riquezas, ni se pregunta: «¿Y para quién trabajo tanto? ¿Para qué me niego el bienestar?» Pues también esto es vana ilusión y una pesada carga. **(ECLESIASTÉS 4:7-8,** DHH**)**

Donde abundan los bienes, sobra quien se los gaste; ¿y qué saca de esto su dueño, aparte de contemplarlos? **(ECLESIASTÉS 5:11,** NVI**)**

¡Qué aflicción para ustedes que se apropian de una casa tras otra y de un campo tras otro hasta que todos queden desalojados y ustedes vivan solos en la tierra! **(ISAÍAS 5:8,** NTV**)**

La avaricia no trae felicidad. En lugar de eso,
tiene como resultado la soledad.

Y esos perros comilones son insaciables; y los pastores mismos no saben entender; todos ellos siguen sus
propios caminos, cada uno busca su propio provecho,
cada uno por su lado. **(ISAÍAS 56:11, RV-60)**

Aquí Isaías condenó a los líderes que satisfacían
su propia avaricia en lugar de velar por las per-
sonas que se le confiaron.

La codicia de mi pueblo es irritable, por perversa, en
mi enojo, lo he castigado; le he dado la espalda, pero él
prefirió seguir sus obstinados caminos.
(ISAÍAS 57:17, NVI)

Dios llama pecado a la codicia, la cual es digna
de castigo.

Y se te acercan en masa, y se sientan delante de ti y
escuchan tus palabras, pero luego no las practican. Me
halagan de labios para afuera, pero después sólo buscan las ganancias injustas. **(EZEQUIEL 33:31, NVI)**

Dios le dice estas palabras al profeta Ezequiel,
advirtiéndole que algunos de su pueblo no qui-
sieron obedecer la enseñanza de Ezequiel porque
a ellos les preocupaba más satisfacer sus deseos
avariciosos.

Porque ¿qué aprovechará al hombre, si ganare todo el
mundo, y perdiere su alma? ¿O qué recompensa dará
el hombre por su alma? **(MATEO 16:26, RV-60)**

Tu alma y su destino eterno son mucho más va-
liosos que obtener todo lo que deseas.

Jesús entró en el templo y comenzó a echar a todos los
que compraban y vendían animales para el sacrificio.
Volcó las mesas de los cambistas y las sillas de los que
vendían palomas. Les dijo: «Las Escrituras declaran:
"Mi templo será llamado casa de oración", ¡pero ustedes lo han convertido en una cueva de ladrones!».
(MATEO 21:12-13, NTV)

El templo debe ser un lugar de adoración, no un
lugar de avaricia. Este hecho se registra también
en Marcos y Lucas (a continuación).

Cuando llegaron de nuevo a Jerusalén, Jesús entró en el templo y comenzó a echar a los que compraban y vendían animales para los sacrificios. Volcó las mesas de los cambistas y las sillas de los que vendían palomas, y les prohibió a todos que usaran el templo como un mercado. Les dijo: «Las Escrituras declaran: "Mi templo será llamado casa de oración para todas las naciones", pero ustedes lo han convertido en una cueva de ladrones».

Cuando los principales sacerdotes y los maestros de la ley religiosa oyeron lo que Jesús había hecho, comenzaron a planificar cómo matarlo; pero tenían miedo de Jesús, porque la gente estaba asombrada de su enseñanza.

Esa tarde Jesús y los discípulos salieron de la ciudad. (**MARCOS 11:15-19,** NTV)

Luego Jesús entró en el templo y comenzó a echar a los que vendían animales para los sacrificios. Les dijo: «Las Escrituras declaran: "Mi templo será una casa de oración", pero ustedes lo han convertido en una cueva de ladrones».

Después de eso, enseñó todos los días en el templo, pero los principales sacerdotes y los maestros de la ley religiosa, junto con los otros líderes del pueblo, comenzaron a planificar cómo matarlo; pero no se les ocurría nada, porque el pueblo prestaba mucha atención a cada palabra que él decía. (**LUCAS 19:45-48,** NTV)

—Resulta que ustedes los fariseos —les dijo el Señor—, limpian el vaso y el plato por fuera, pero por dentro están ustedes llenos de codicia y de maldad. **(LUCAS 11:39, NVI)**

Jesús condenó a los líderes religiosos por su codicia, la cual viene del corazón.

También [Jesús] les dijo: «Manténganse atentos y cuídense de toda avaricia, porque la vida del hombre no depende de los muchos bienes que posea.» Además, les contó una parábola: «Un hombre rico tenía un terreno que le produjo una buena cosecha. Y este hombre se puso a pensar: "¿Qué voy a hacer? ¡No tengo dónde guardar mi cosecha!" Entonces dijo: "¡Ya sé lo que haré! Derribaré mis graneros, construiré otros más grandes, y allí guardaré todos mis frutos y mis bienes. Y me diré a mí mismo: 'Ya puede descansar mi alma, pues ahora tengo guardados muchos bienes para muchos años. Ahora, pues, ¡a comer, a beber y a disfrutar!'" Pero Dios le dijo: "Necio, esta noche vienen a quitarte la vida; ¿y para quién será lo que has guardado?" Eso le sucede a quien acumula riquezas para sí mismo, pero no es rico para con Dios». **(LUCAS 12:15-21, RVC)**

Para ilustrar mejor esa enseñanza, Jesús les contó la siguiente historia: «Un hombre tenía dos hijos. El hijo menor le dijo al padre: "Quiero la parte de mi herencia ahora, antes de que mueras". Entonces el padre accedió a dividir sus bienes entre sus dos hijos.

»Pocos días después, el hijo menor empacó sus pertenencias y se mudó a una tierra distante, donde derrochó todo su dinero en una vida desenfrenada. Al mismo tiempo que se le acabó el dinero, hubo una gran hambruna en todo el país, y él comenzó a morirse de hambre. Convenció a un agricultor local de que lo contratara, y el hombre lo envió al campo para que diera de comer a sus cerdos. El joven llegó a tener tanta hambre que hasta las algarrobas con las que alimentaba a los cerdos le parecían buenas para comer, pero nadie le dio nada.

»Cuando finalmente entró en razón, se dijo a sí mismo: "En casa, hasta los jornaleros tienen comida de sobra, ¡y aquí estoy yo, muriéndome de hambre! Volveré a la casa de mi padre y le diré: 'Padre, he pecado contra el cielo y contra ti. Ya no soy digno de que me llamen tu hijo. Te ruego que me contrates como jornalero'".

»Entonces regresó a la casa de su padre, y cuando todavía estaba lejos, su padre lo vio llegar. Lleno de amor y de compasión, corrió hacia su hijo, lo abrazó y lo besó. Su hijo le dijo: "Padre, he pecado contra el cielo y contra ti, y ya no soy digno de que me llamen tu hijo".

»Sin embargo, su padre dijo a los sirvientes: "Rápido, traigan la mejor túnica que haya en la casa y vístanlo. Consigan un anillo para su dedo y sandalias para sus pies. Maten el ternero que hemos engordado. Tenemos que celebrar con un banquete, porque este hijo mío estaba muerto y ahora ha vuelto a la vida; estaba perdido y ahora ha sido encontrado". Entonces comenzó la fiesta.

»Mientras tanto, el hijo mayor estaba trabajando en el campo. Cuando regresó, oyó el sonido de música y baile en la casa, y preguntó a uno de los sirvientes qué pasaba. "Tu hermano ha vuelto —le dijo— y tu padre mató el ternero engordado. Celebramos porque llegó a salvo".

»El hermano mayor se enojó y no quiso entrar. Su padre salió y le suplicó que entrara, pero él respondió: "Todos estos años, he trabajado para ti como un burro y nunca me negué a hacer nada de lo que me pediste. Y, en todo ese tiempo, no me diste ni un cabrito para festejar con mis amigos. Sin embargo, cuando este hijo tuyo regresa después de haber derrochado tu dinero en prostitutas, ¡matas el ternero engordado para celebrar!".

»Su padre le dijo: "Mira, querido hijo, tú siempre has estado a mi lado y todo lo que tengo es tuyo. Teníamos que celebrar este día feliz. ¡Pues tu hermano estaba muerto y ha vuelto a la vida! ¡Estaba perdido y ahora ha sido encontrado!"». **(LUCAS 15:11-32,** NTV**)**

*En la muy conocida parábola del hijo pródigo,
tanto el hijo menor como el hijo mayor luchan
con la codicia. La buena noticia es que Dios nos
perdonará si nos arrepentimos.*

Y así como ellos no tuvieron a bien reconocer a Dios,
Dios los entregó a una mente depravada, para que hi-
cieran las cosas que no convienen; estando llenos de
toda injusticia, maldad, avaricia y malicia; colmados
de envidia, homicidios, pleitos, engaños y malignidad;
son chismosos. (**ROMANOS 1:28-29,** LBLA)

*La avaricia es uno de los muchos pecados que
resultan de rechazar a Dios.*

Pero esto quiero decirles en el nombre del Señor, y
en esto quiero insistir: no vivan ya como la gente sin
Dios, que vive de acuerdo a su mente vacía. Esa gente
tiene el entendimiento entenebrecido; por causa de la
ignorancia que hay en ellos, y por la dureza de su corazón, viven ajenos de la vida que proviene de Dios.
Después de que perdieron toda sensibilidad, se entregaron al libertinaje para cometer con avidez toda clase
de impureza. (**EFESIOS 4:17-19,** RVC)

Por tanto, hagan morir todo lo que es propio de la naturaleza terrenal: inmoralidad sexual, impureza, bajas pasiones, malos deseos y avaricia, la cual es idolatría. (**COLOSENSES 3:5,** NVI)

Pablo igualó la avaricia con la idolatría, adorando algo que no es Dios.

Un obispo debe ser, pues, irreprochable, marido de una sola mujer, sobrio, prudente, de conducta decorosa, hospitalario, apto para enseñar, no dado a la bebida, no pendenciero, sino amable, no contencioso, no avaricioso. (**1 TIMOTEO 3:2-3,** LBLA)

Pues hay muchos rebeldes que participan en conversaciones inútiles y engañan a otros. Me refiero especialmente a los que insisten en que es necesario circuncidarse para ser salvo. Hay que callarlos, porque, con su falsa enseñanza, alejan a familias enteras de la verdad, y sólo lo hacen por dinero. (**TITO 1:10-11,** NTV)

Pablo le advirtió a Tito acerca de la gente religiosa que enseña falsas doctrinas debido a que son avariciosos y esperan obtener ganancias económicas de tales enseñanzas.

Pero se levantaron falsos profetas entre el pueblo, así como habrá también falsos maestros entre vosotros, los cuales encubiertamente introducirán herejías destructoras, negando incluso al Señor que los compró, trayendo sobre sí una destrucción repentina. Muchos seguirán su sensualidad, y por causa de ellos, el camino de la verdad será blasfemado; y en su avaricia os explotarán con palabras falsas. El juicio de ellos, desde hace mucho tiempo no está ocioso, ni su perdición dormida. **(2 PEDRO 2:1-3,** LBLA**)**

Cuiden de las ovejas de Dios que han sido puestas a su cargo; háganlo de buena voluntad, como Dios quiere, y no forzadamente ni por ambición de dinero, sino de buena gana. **(1 PEDRO 5:2,** DHH**)**

Pablo les dijo a los pastores que se ocuparan de las personas en sus congregaciones, a fin de agradar a Dios y no por avaricia.

DA CON GENEROSIDAD
A OTROS

Cuando escuchas el nombre de Oprah Winfrey, es probable que en lo primero que pienses sea en su Premio Emmy por su programa de entrevistas para la televisión. *The Oprah Winfrey Show* estuvo en el aire durante veinticinco años, explorando estilos de vida y asuntos sociales, promocionando una variedad de creencias religiosas, alentando a su audiencia televisiva a leer más a través de su club de lectores y entrevistando a celebridades.

Quizá recuerdes que la nominaron para los premios Óscar de la Academia por su papel en *El color púrpura* y porque publica una revista: *O, The Oprah Magazine*.

También es una de las personas más influyentes y ricas del mundo, así como una destacadísima filántropa[1]. A través de la *Oprah's Angel Network*, provee becas y albergue para mujeres y jóvenes. De acuerdo a

BusinessPundit.com, regala alrededor de cincuenta millones de dólares al año para la educación de los niños, de las mujeres y de las familias.

Sin duda, es fácil dar esa gran cantidad de dinero cuando tu activo neto es de dos mil millones setecientos mil dólares[2]. Sin embargo, la Biblia enseña que todo el mundo puede, y debe, darles con generosidad a otros, sin importar cuál sea su activo neto.

Cuando en alguna de las ciudades de la tierra que el Señor tu Dios te da veas a un hermano hebreo pobre, no endurezcas tu corazón ni le cierres tu mano. Antes bien, tiéndele la mano y préstale generosamente lo que necesite [...] No seas mezquino sino generoso, y así el Señor tu Dios bendecirá todos tus trabajos y todo lo que emprendas. (**DEUTERONOMIO 15:7-8, 10,** NVI)

No niegues el bien a quien se le debe, cuando esté en tu mano el hacerlo. No digas a tu prójimo: Ve y vuelve, y mañana te lo daré, cuando lo tienes contigo. (**PROVERBIOS 3:27-28,** LBLA)

Unos dan a manos llenas, y reciben más de lo que dan; otros ni sus deudas pagan, y acaban en la miseria. El que es generoso prospera; el que reanima será reanimado. (**PROVERBIOS 11:24-25,** NVI)

Cuidado con hacer sus obras de justicia sólo para que la gente los vea. Si lo hacen así, su Padre que está en los cielos no les dará ninguna recompensa. Cuando tú des limosna, no toques trompeta delante de ti, como hacen los hipócritas en las sinagogas y en las calles, para que la gente los alabe. De cierto les digo que con eso ya se han ganado su recompensa. Pero cuando tú des limosna, asegúrate de que tu mano izquierda no sepa lo que hace la derecha; así tu limosna será en secreto, y tu Padre que ve en lo secreto te recompensará en público. (**MATEO 6:1-4,** RVC)

Jesús enseñó que no debes alardear de tu dádiva, llamando la atención a lo que estás haciendo.

Poco después, Él [Jesús] comenzó a recorrer las ciudades y aldeas, proclamando y anunciando las buenas nuevas del reino de Dios; con Él iban los doce, y también algunas mujeres que habían sido sanadas de espíritus malos y de enfermedades: María, llamada Magdalena, de la que habían salido siete demonios, y Juana, mujer de Chuza, mayordomo de Herodes, y Susana, y muchas otras que de sus bienes personales contribuían al sostenimiento de ellos. (**LUCAS 8:1-3,** LBLA)

Jesús y sus doce discípulos no tenían que buscar trabajo mientras enseñaban y ayudaban a la gente porque las mujeres que tenían dinero los sustentaban con generosidad.

Respondiendo Jesús, dijo: Cierto hombre bajaba de Jerusalén a Jericó, y cayó en manos de salteadores, los cuales después de despojarlo y de darle golpes, se fueron, dejándolo medio muerto. Por casualidad cierto sacerdote bajaba por aquel camino, y cuando lo vio, pasó por el otro lado del camino. Del mismo modo, también un levita, cuando llegó al lugar y lo vio, pasó por el otro lado del camino. Pero cierto samaritano, que iba de viaje, llegó adonde él estaba; y cuando lo vio, tuvo compasión, y acercándose, le vendó sus heridas, derramando aceite y vino sobre ellas; y poniéndolo sobre su propia cabalgadura, lo llevó a un mesón y lo cuidó. Al día siguiente, sacando dos denarios, se los dio al mesonero, y dijo: «Cuídalo, y todo lo demás que gastes, cuando yo regrese te lo pagaré».
(**LUCAS 10:30-35**, LBLA)

Los samaritanos y los judíos se odiaban los unos a los otros. Sin embargo, el samaritano fue el único que dio de su dinero y de su tiempo para ayudar a un judío golpeado por los ladrones.

Todos los creyentes se reunían en un mismo lugar y compartían todo lo que tenían. Vendían sus propiedades y posesiones y compartían el dinero con aquellos en necesidad. **(HECHOS 2:44-45,** NTV**)**

Los primeros cristianos eran muy generosos los unos con los otros, supliendo las necesidades de sus hermanos y sus hermanas en Cristo.

Todos los creyentes estaban unidos de corazón y en espíritu. Consideraban que sus posesiones no eran propias, así que compartían todo lo que tenían [...] No había necesitados entre ellos, porque los que tenían terrenos o casas los vendían y llevaban el dinero a los apóstoles para que ellos lo dieran a los que pasaban necesidad. **(HECHOS 4:32, 34-35,** NTV**)**

Así que los creyentes de Antioquía decidieron enviar una ayuda a los hermanos de Judea, y cada uno dio lo que podía. **(HECHOS 11:29,** NTV**)**

Y he sido un ejemplo constante de cómo pueden ayudar con trabajo y esfuerzo a los que están en necesidad. Deben recordar las palabras del Señor Jesús: «Hay más bendición en dar que en recibir». **(HECHOS 20:35,** NTV**)**

De manera que, teniendo diferentes dones, según la gracia que nos es dada, si el de profecía, úsese conforme a la medida de la fe [...] el que exhorta, en la exhortación; el que reparte, con liberalidad; el que preside, con solicitud; el que hace misericordia, con alegría. **(ROMANOS 12:6, 8, RV-60)**

Estén listos para ayudar a los hijos de Dios cuando pasen necesidad. Estén siempre dispuestos a brindar hospitalidad. **(ROMANOS 12:13, NTV)**

Ahora bien, consideremos la pregunta acerca del dinero que se está juntando para el pueblo de Dios en Jerusalén. Deberían seguir el mismo procedimiento que les di a las iglesias de Galacia. El primer día de cada semana, cada uno debería separar una parte del dinero que ha ganado. No esperen hasta que yo llegue para luego tratar de reunirlo todo de golpe. **(1 CORINTIOS 16:1-2, NTV)**

Ahora, hermanos, queremos que se enteren de la gracia que Dios ha dado a las iglesias de Macedonia. En medio de las pruebas más difíciles, su desbordante alegría y su extrema pobreza abundaron en rica generosidad. Soy testigo de que dieron espontáneamente tanto como podían, y aún más de lo que podían, rogándonos con insistencia que les concediéramos el privilegio de tomar parte en esta ayuda para los santos. Incluso hicieron más de lo que esperábamos, ya que se entregaron a sí mismos, primeramente al Señor y después a nosotros, conforme a la voluntad de Dios [...] No se trata de que otros encuentren alivio mientras que ustedes sufren escasez; es más bien cuestión de igualdad. En las circunstancias actuales la abundancia de ustedes suplirá lo que ellos necesitan, para que a su vez la abundancia de ellos supla lo que ustedes necesitan. Así habrá igualdad, como está escrito: «Ni al que recogió mucho le sobraba, ni al que recogió poco le faltaba». (2 CORINTIOS 8:1-5, 13-15, NVI)

Recuerden esto: El que siembra escasamente, escasamente cosechará, y el que siembra en abundancia, en abundancia cosechará. Cada uno debe dar según lo que haya decidido en su corazón, no de mala gana ni por obligación, porque Dios ama al que da con alegría. Y Dios puede hacer que toda gracia abunde para ustedes, de manera que siempre, en toda circunstancia, tengan todo lo necesario, y toda buena obra abunde en ustedes. Como está escrito: «Repartió sus bienes entre los pobres; su justicia permanece para siempre.»

El que le suple semilla al que siembra también le suplirá pan para que coma, aumentará los cultivos y hará que ustedes produzcan una abundante cosecha de justicia. Ustedes serán enriquecidos en todo sentido para que en toda ocasión puedan ser generosos, y para que por medio de nosotros la generosidad de ustedes resulte en acciones de gracias a Dios.

Esta ayuda que es un servicio sagrado no sólo suple las necesidades de los santos sino que también redunda en abundantes acciones de gracias a Dios. En efecto, al recibir esta demostración de servicio, ellos alabarán a Dios por la obediencia con que ustedes acompañan la confesión del evangelio de Cristo, y por su generosa solidaridad con ellos y con todos. Además, en las oraciones de ellos por ustedes, expresarán el afecto que les tienen por la sobreabundante gracia que ustedes han recibido de Dios. ¡Gracias a Dios por su don inefable! (**2 CORINTIOS 9:6-15,** NVI)

Si eres ladrón, deja de robar. En cambio, usa tus manos en un buen trabajo digno y luego comparte generosamente con los que tienen necesidad. (**EFESIOS 4:28,** NTV)

No se olviden de hacer bien ni de la ayuda mutua, porque éstos son los sacrificios que agradan a Dios. (**HEBREOS 13:16,** RVC)

Supónganse que ven a un hermano o una hermana que no tiene qué comer ni con qué vestirse y uno de

ustedes le dice: «Adiós, que tengas un buen día; abríga-
te mucho y aliméntate bien», pero no le da ni alimento
ni ropa. ¿Para qué le sirve? **(SANTIAGO 2:15-16,** NTV**)**

Pero el que tiene bienes de este mundo y ve a su hermano tener necesidad, y cierra contra él su corazón,
¿cómo mora el amor de Dios en él? **(1 JUAN 3:17,** RV-60**)**

8

DIEZMA Y DA PARA LA OBRA DE DIOS

Si cada miembro y asistente regular de la iglesia diera al menos el diez por ciento de sus ingresos, a la iglesia nunca le faltaría dinero para sus ministerios ni para los misioneros que sostiene.

A Dios no le hace falta nuestro dinero. Al fin y al cabo, Él es el dueño de todo, como señalé en el capítulo 1. Sin embargo, Él les pide a los creyentes que le devuelvan una parte de su dinero como un acto de adoración y obediencia. La Biblia da más explicaciones acerca de esta verdad.

El Señor habló con Moisés, y le dijo: «Diles a los hijos de Israel que tomen una ofrenda para mí. La tomarán de todo aquel que de voluntad y de corazón quiera darla». (**ÉXODO 25:1-2**, rvc)

Luego Moisés le dijo a toda la comunidad de Israel: «Esto es lo que el Señor ha ordenado: junten una ofrenda sagrada para el Señor. Que todas las personas de corazón generoso presenten al Señor las siguientes ofrendas: oro, plata y bronce; hilo azul, púrpura y escarlata; lino fino y pelo de cabra para tela; pieles de carnero curtidas y cuero de cabra de la mejor calidad; madera de acacia; aceite de oliva para las lámparas; especias para el aceite de la unción y para el incienso aromático; piedras de ónice y otras piedras preciosas para incrustar en el efod y en el pectoral del sacerdote». (ÉXODO 35:4-9, NTV)

Además de los diezmos específicos, también hay ocasiones en las que Dios les pidió a los israelitas que dieran más de su abundancia.

Moisés les entregó los materiales que el pueblo de Israel había donado como ofrendas sagradas para completar la construcción del santuario. Sin embargo, el pueblo seguía entregando ofrendas adicionales cada mañana. Finalmente, los artesanos que trabajaban en el santuario dejaron su labor, fueron a ver a Moisés y le informaron: «¡La gente ha dado más de lo necesario para terminar la obra que el Señor nos ha ordenado hacer!».

Entonces Moisés dio una orden, y se envió el siguiente mensaje por todo el campamento: «Hombres y mujeres: no preparen más ofrendas para el santuario. ¡Ya tenemos lo suficiente!». Por lo tanto, la gente dejó de llevar sus ofrendas sagradas. Sus contribuciones fueron más que suficientes para completar todo el proyecto. (**ÉXODO 36:3-7**, NTV)

En este momento de la historia de Israel, el pueblo dio con generosidad.

El diezmo de todo producto del campo, ya sea grano de los sembrados o fruto de los árboles, pertenece al Señor, pues le está consagrado. Si alguien desea rescatar algo de su diezmo, deberá añadir a su valor una quinta parte. En cuanto al diezmo del ganado mayor y menor, uno de cada diez animales contados [que pasen bajo la vara del pastor] será consagrado al Señor. (**LEVÍTICO 27:30-32**, NVI)

Como enseñó Moisés, el diezmo (la décima parte) de todo lo obtenido, incluyendo el dinero, las cosechas y los animales, le pertenecía al Señor.

«Cada año deberás presentar, sin falta, la décima parte de todo el grano que tu campo produzca. Y esa décima parte de tu grano, de tu vino y de tu aceite, y las primicias de tus rebaños y ganados la comerás delante del Señor tu Dios, en el lugar que él escoja como residencia de su nombre, para que aprendas a temer siempre al Señor tu Dios. Si el Señor tu Dios te bendice, pero el camino es demasiado largo y te queda lejos llevar esa décima parte hasta el lugar donde el Señor tu Dios escogió como residencia de su nombre, entonces venderás esa décima parte y, con el dinero en la mano, te presentarás en el lugar que el Señor tu Dios ha escogido. Con ese dinero podrás también comprar todo lo que desees: vacas, ovejas, vino, sidra, o cualquier otra cosa que tú desees, y lo comerás delante del Señor tu Dios, y tú y tu familia se regocijarán.

»No desampares al levita que habite en tus ciudades, pues ellos no comparten contigo ninguna propiedad.

»Cada tres años cumplidos sacarás todo el diezmo de tus productos de aquel año, y lo almacenarás en tus ciudades. Como los levitas no comparten contigo ninguna propiedad, podrán entonces venir y comer hasta quedar satisfechos, lo mismo que los extranjeros, los huérfanos y las viudas que haya en tus ciudades. Así el Señor tu Dios te bendecirá en todo lo que hagas».

(DEUTERONOMIO 14:22-29, RVC**)**

Honra al Señor con tus riquezas y con los primeros frutos de tus cosechas; así se llenarán a reventar tus graneros y tus depósitos de vino.

(PROVERBIOS 3:9-10, DHH**)**

Dar una ofrenda a Dios debe ser el primer des-embolso de tu dinero, en lugar de dar de lo que sobra después del pago de las cuentas.

«¿Acaso es el momento apropiado para que ustedes re-sidan en casas techadas mientras que esta casa está en ruinas?»

Así dice ahora el Señor Todopoderoso:

«¡Reflexionen sobre su proceder!

»Ustedes siembran mucho, pero cosechan poco; co-men, pero no quedan satisfechos; beben, pero no lle-gan a saciarse; se visten, pero no logran abrigarse; y al jornalero se le va su salario como por saco roto».

(HAGEO 1:4-6, NVI)

Por medio del profeta Hageo, Dios le dijo a su pueblo que no se centrara en sus propios intere-ses, en lugar de hacerlo en el Señor.

¿Robará el hombre a Dios? Pues vosotros me habéis robado. Y dijisteis: ¿En qué te hemos robado? En vues-tros diezmos y ofrendas. Malditos sois con maldición, porque vosotros, la nación toda, me habéis robado. Traed todos los diezmos al alfolí y haya alimento en mi casa; y probadme ahora en esto, dice Jehová de los ejér-citos, si no os abriré las ventanas de los cielos, y derra-maré sobre vosotros bendición hasta que sobreabunde.

Reprenderé también por vosotros al devorador, y no os destruirá el fruto de la tierra, ni vuestra vid en el campo será estéril, dice Jehová de los ejércitos.
(MALAQUÍAS 3:8-11, RV-60**)**

> *El diezmo en el Antiguo Testamento es más que el diez por ciento de lo que producían la tierra y el ganado. Un sistema de diezmos, que tenía como promedio más del veintitrés por ciento, era parte de la ley de Dios dada a Moisés (Levítico 27:30-33; Números 18:21-32; Deuteronomio 12:6; 14:22-29; 26:12). El equivalente del alfolí en la época de Malaquías es la iglesia donde tú adoras.*

¡Qué aflicción les espera, maestros de la ley religiosa y fariseos! ¡Hipócritas! Pues se cuidan de dar el diezmo sobre el más mínimo ingreso de sus jardines de hierbas, pero pasan por alto los aspectos más importantes de la ley: la justicia, la misericordia y la fe. Es cierto que deben diezmar, pero sin descuidar las cosas más importantes. **(MATEO 23:23,** NTV**)**

Jesús se sentó cerca de la caja de las ofrendas del templo y observó mientras la gente depositaba su dinero. Muchos ricos echaban grandes cantidades. Entonces llegó una viuda pobre y echó dos monedas pequeñas.

Jesús llamó a sus discípulos y les dijo: «Les digo la verdad, esta viuda pobre ha dado más que todos los demás que ofrendan. Pues ellos dieron una mínima parte de lo que les sobraba, pero ella, con lo pobre que es, dio todo lo que tenía para vivir». **(MARCOS 12:41-44, NTV)**

Mientras tanto, Jesús se encontraba en Betania, en la casa de Simón, un hombre que había tenido lepra. Mientras comía, entró una mujer con un hermoso frasco de alabastro que contenía un perfume costoso, y lo derramó sobre la cabeza de Jesús.

Los discípulos se indignaron al ver esto. «¡Qué desperdicio! —dijeron—. Podría haberse vendido a un alto precio y el dinero dado a los pobres».

Jesús, consciente de esto, les respondió: «¿Por qué critican a esta mujer por hacer algo tan bueno conmigo? Siempre habrá pobres entre ustedes, pero a mí no siempre me tendrán. Ella ha derramado este perfume sobre mí a fin de preparar mi cuerpo para el entierro. Les digo la verdad, en cualquier lugar del mundo donde se predique la Buena Noticia, se recordará y se hablará de lo que hizo esta mujer». **(MATEO 26:6-13, NTV)**

Debemos usar nuestro dinero para glorificar a Dios. Siempre habrá otras necesidades, pero no debemos ser negligentes en darle al Señor.

Den, y recibirán. Lo que den a otros les será devuelto por completo: apretado, sacudido para que haya lugar para más, desbordante y derramado sobre el regazo. La cantidad que den determinará la cantidad que recibirán a cambio. **(LUCAS 6:38,** NTV**)**

El primer día de la semana, cada uno de ustedes aparte y guarde algún dinero conforme a sus ingresos, para que no se tengan que hacer colectas cuando yo vaya. **(1 CORINTIOS 16:2,** NVI**)**

> *Cada cristiano tiene la responsabilidad de dar de manera proporcional a sus ingresos, así como dar de forma sistemática y con regularidad.*

Recuerden lo siguiente: un agricultor que siembra sólo unas cuantas semillas obtendrá una cosecha pequeña. Pero el que siembra abundantemente obtendrá una cosecha abundante. Cada uno debe decidir en su corazón cuánto dar; y no den de mala gana ni bajo presión, «porque Dios ama a la persona que da con alegría». Y Dios proveerá con generosidad todo lo que necesiten. Entonces siempre tendrán todo lo necesario y habrá bastante de sobra que compartir con otros. **(2 CORINTIOS 9:6-8,** NTV**)**

NO ES UNA VERGÜENZA SER POBRE

¿Alguna vez has visitado un país en desarrollo? Si es así, quizá hayas sentido la tentación de desviar la mirada de la pobreza abrumadora. Sin embargo, necesitamos ser conscientes de la manera en que vive el pobre. Algunas veces, es difícil imaginar cómo las personas, incluyendo los niños pequeños, pueden sobrevivir sin baños, sin agua corriente, sin muebles cómodos, sin electricidad, sin computadoras, sin microondas, sin refrigeradores, sin calefacción cuando cae el sol y baja la temperatura.

Alrededor de la mitad de la población mundial vive con menos de dos dólares y cincuenta centavos al día, la definición de pobreza[3]. Incluso en los Estados Unidos, el país más rico del mundo, casi el quince por ciento de los residentes viven en la pobreza[4].

¿Dios se preocupa por el pobre? ¿Cuál es nuestra responsabilidad hacia el pobre? ¿Qué tiene que decir la Biblia acerca de este tema?

La preocupación de Dios por el pobre

El Señor da la riqueza y la pobreza; humilla, pero también enaltece. (**1 SAMUEL 2:7**, nvi)

Pues él dice a los reyes: «Ustedes son malvados», y a los nobles: «Ustedes son injustos». A él no le importa la grandeza que pueda tener una persona y no presta más atención al rico que al pobre, él creó a todos. (**JOB 34:18-19**, ntv)

Hicieron llegar a su presencia el clamor de los pobres y necesitados, y Dios lo escuchó. (**JOB 34:28**, nvi)

Dice el Señor: «Voy ahora a levantarme, y pondré a salvo a los oprimidos, pues al pobre se le oprime, y el necesitado se queja». (**SALMO 12:5**, nvi)

Ustedes frustran los planes de los pobres, pero el Señor los protege. (**SALMO 14:6**, nvi)

Así todo mi ser exclamará: «¿Quién como tú, Señor? Tú libras de los poderosos a los pobres; a los pobres y necesitados libras de aquellos que los explotan». **(SALMO 35:10, NVI)**

Los de tu pueblo se establecieron en ella; en tu bondad, oh Dios, proveíste para el pobre. **(SALMO 68:10, LBLA)**

Él levanta del polvo al pobre y saca del muladar al necesitado. **(SALMO 113:7, NVI)**

Yo sé que el Señor hace justicia a los pobres y defiende el derecho de los necesitados. **(SALMO 140:12, NVI)**

El rico y el pobre tienen esto en común: a ambos los ha creado el Señor. **(PROVERBIOS 22:2, NVI)**

Algo en común tienen el pobre y el opresor: a los dos el Señor les ha dado la vista. **(PROVERBIOS 29:13, NVI)**

Porque tú has sido, en su angustia, un baluarte para el desvalido, un refugio para el necesitado, un resguardo contra la tormenta, una sombra contra el calor. En cambio, el aliento de los crueles es como una tormenta contra un muro. **(ISAÍAS 25:4,** NVI)

Las acciones justas hacia el pobre

No perviertas la justicia, ni te muestres parcial en favor del pobre o del rico, sino juzga a todos con justicia. **(LEVÍTICO 19:15,** NVI)

Si alguno de tus compatriotas se empobrece y no tiene cómo sostenerse, ayúdale como lo harías con el extranjero o con el residente transitorio; así podrá seguir viviendo entre ustedes. **(LEVÍTICO 25:35,** NVI)

Cuando en alguna de las ciudades de la tierra que el Señor tu Dios te da veas a un hermano hebreo pobre, no endurezcas tu corazón ni le cierres tu mano. Antes bien, tiéndele la mano y préstale generosamente lo que necesite. No des cabida en tu corazón a la perversa idea de que, por acercarse el año séptimo, año del perdón de las deudas, puedes hacerle mala cara a tu hermano hebreo necesitado y no darle nada. De lo contrario, él podrá apelar al Señor contra ti, y tú resultarás convicto de pecado. No seas mezquino sino generoso, y así el Señor tu Dios bendecirá todos tus trabajos y todo lo que emprendas. Gente pobre en esta tierra, siempre la habrá; por eso te ordeno que seas generoso con tus hermanos hebreos y con los pobres y necesitados de tu tierra. (**DEUTERONOMIO 15:7-11,** NVI)

Los que me oían, hablaban bien de mí; los que me veían, me alababan. Si el pobre recurría a mí, yo lo ponía a salvo, y también al huérfano, si no tenía quien lo ayudara. (**JOB 29:11-12,** NVI)

Este es el testimonio de Job cuando respondió a las acusaciones de los que decían ser sus amigos.

¿Acaso no he llorado por los que sufren? ¿No me he condolido por los pobres? (**JOB 30:25,** NVI)

Este versículo es también parte del testimonio de Job.

Cuando estés juntando la cosecha y olvides un atado de grano en el campo, no regreses a buscarlo. Déjalo allí para los extranjeros, los huérfanos y las viudas. Entonces el SEÑOR tu Dios te bendecirá en todo lo que hagas. Cuando sacudas los olivos para que caigan las aceitunas, no pases por las mismas ramas dos veces. Deja las aceitunas que quedan en el árbol para los extranjeros, los huérfanos y las viudas. Cuando coseches las uvas de tu viñedo, no repases las vides. Deja los racimos que quedan para los extranjeros, los huérfanos y las viudas. (**DEUTERONOMIO 24:19-21**, NTV)

> *Los que tienen en abundancia deben estar pendientes de las necesidades de los pobres, dándoles las oportunidades de ganarse la vida*

Bienaventurado el que piensa en el pobre; en el día del mal el Señor lo librará. (**SALMO 41:1**, LBLA)

Defiendan la causa del huérfano y del desvalido; al pobre y al oprimido háganles justicia. (**SALMO 82:3**, NVI)

Con liberalidad ha dado a los pobres; su justicia permanece para siempre; su poder será exaltado con honor. (**SALMO 112:9**, LBLA)

El que desprecia a su prójimo peca, pero es feliz el que se apiada de los pobres [...] El que oprime al pobre afrenta a su Hacedor, pero el que se apiada del necesitado le honra. (**PROVERBIOS 14:21, 31**, LBLA)

Mejor es el pobre que anda en su integridad que el de labios perversos y necio. **(PROVERBIOS 19:1,** LBLA**)**

El que se apiada del pobre presta al Señor, y Él lo recompensará por su buena obra.
(PROVERBIOS 19:17, LBLA**)**

El que es generoso será bendecido, pues comparte su comida con los pobres. **(PROVERBIOS 22:9,** NVI**)**

Mejor es el pobre que anda en su integridad, que el que es torcido, aunque sea rico. **(PROVERBIOS 28:6,** LBLA**)**

El que ayuda al pobre no conocerá la pobreza; el que le niega su ayuda será maldecido. **(PROVERBIOS 28:27,** NVI**)**

El justo se ocupa de la causa del desvalido; el malvado ni sabe de qué se trata. **(PROVERBIOS 29:7,** NVI**)**

Si un rey juzga al pobre con justicia, su trono perdurará para siempre. **(PROVERBIOS 29:14,** NTV**)**

Tiende la mano al pobre y abre sus brazos al necesitado. **(PROVERBIOS 31:20,** NTV**)**

> *Este versículo es parte de la descripción de una esposa excelente.*

El ayuno que he escogido, ¿no es más bien romper las cadenas de injusticia y desatar las correas del yugo, poner en libertad a los oprimidos y romper toda atadura? ¿No es acaso el ayuno compartir tu pan con el hambriento y dar refugio a los pobres sin techo, vestir al desnudo y no dejar de lado a tus semejantes? **(ISAÍAS 58:6-7,** NVI**)**

> *Estas son palabras de Dios para Isaías y para su pueblo.*

Ayuda a los pobres, presta dinero sin cobrar interés y obedece todos mis decretos y ordenanzas. Esa persona no morirá por los pecados de su padre; ciertamente vivirá. **(EZEQUIEL 18:17,** NTV**)**

La palabra del Señor vino de nuevo a Zacarías. Le advirtió:

«Así dice el Señor Todopoderoso:

»"Juzguen con verdadera justicia; muestren amor y compasión los unos por los otros. No opriman a las viudas ni a los huérfanos, ni a los extranjeros ni a los pobres. No maquinen el mal en su corazón los unos contra los otros"». **(ZACARÍAS 7:8-10, NVI)**

Jesús dijo: A los pobres siempre los tendrán con ustedes, y podrán ayudarlos cuando quieran.
(MARCOS 14:7, NVI)

Den más bien a los pobres de lo que está dentro, y así todo quedará limpio para ustedes. **(LUCAS 11:41, NVI)**

Jesús les dijo estas palabras a los líderes religiosos, a quienes les preocupaba más su obediencia exterior a la ley de Dios que a la condición de sus corazones.

Cuando des un banquete, invita a los pobres, a los inválidos, a los cojos y a los ciegos. Entonces serás dichoso, pues aunque ellos no tienen con qué recompensarte, serás recompensado en la resurrección de los justos.
(LUCAS 14:13-14, NVI)

Pues, les cuento, los creyentes de Macedonia y Acaya con entusiasmo juntaron una ofrenda para los creyentes de Jerusalén que son pobres. (**ROMANOS 15:26,** NTV)

Había una creyente en Jope que se llamaba Tabita (que en griego significa Dorcas). Ella siempre hacía buenas acciones a los demás y ayudaba a los pobres.
(**HECHOS 9:36,** NTV)

> *Tabita nos brinda un ejemplo que debemos seguir hoy.*

Cornelio se quedó mirando al ángel, y con mucho miedo le preguntó: «¿Qué se te ofrece, señor?» El ángel le dijo: «Dios tiene presentes tus oraciones y lo que has hecho para ayudar a los necesitados».
(**HECHOS 10:4,** DHH)

> *Dios se fija cuando le das al pobre.*

Por ahora, voy a Jerusalén para llevar ayuda a los hermanos, ya que Macedonia y Acaya tuvieron a bien hacer una colecta para los hermanos pobres de Jerusalén. Lo hicieron de buena voluntad, aunque en realidad era su obligación hacerlo. Porque si los gentiles han participado de las bendiciones espirituales de los judíos, están en deuda con ellos para servirles con las bendiciones materiales. **(ROMANOS 15:25-27, NVI)**

Pablo le escribió estas palabras a la iglesia en Roma.

La Escritura dice: «Ha dado abundantemente a los pobres, y su generosidad permanece para siempre». **(2 CORINTIOS 9:9, DHH)**

La única sugerencia que hicieron fue que siguiéramos ayudando a los pobres, algo que yo siempre tengo deseos de hacer. **(GÁLATAS 2:10, NTV)**

Malas acciones hacia el pobre

Pues [el impío] ha oprimido y abandonado a los pobres; se ha apoderado de una casa que no construyó. **(JOB 20:19, LBLA)**

La riqueza del rico es su fortaleza, la pobreza del pobre es su ruina. **(PROVERBIOS 10:15, NTV)**

Este proverbio es una descripción de cómo estaba la situación en los tiempos de Salomón, no un aviso en caso de que sucediera.

Con su riqueza el rico pone a salvo su vida, pero al pobre no hay ni quien lo amenace. **(PROVERBIOS 13:8, NVI)**

Una de las ventajas de no tener nada es que la gente no puede amenazarte con quitarte tus posesiones.

Los que se burlan del pobre insultan a su Creador; los que se alegran de la desgracia de otros serán castigados. **(PROVERBIOS 17:5, NTV)**

El pobre ruega misericordia; el rico responde con insultos. **(PROVERBIOS 18:23, NTV)**

Los parientes del pobre lo desprecian; ¡cuánto más lo evitarán sus amigos! Por más que el pobre les ruegue, los amigos ya no están. **(PROVERBIOS 19:7, NTV)**

Quien cierra sus oídos al clamor del pobre, llorará también sin que nadie le responda.
(PROVERBIOS 21:13, NVI**)**

Oprimir al pobre para enriquecerse, y hacerle regalos al rico, ¡buena manera de empobrecerse!
(PROVERBIOS 22:16, NVI**)**

No abuses del pobre sólo porque es pobre, ni seas injusto con él en los tribunales. Dios es abogado de los pobres, y dejará sin nada a quienes les quiten todo.
(PROVERBIOS 22:22-23, TLA**)**

El gobernante que oprime a los pobres es como violenta lluvia que arrasa la cosecha. **(PROVERBIOS 28:3,** NVI**)**

Oprime a los pobres e indefensos, roba a los deudores al negarles que recuperen sus garantías, rinde culto a ídolos, comete pecados detestables.
(EZEQUIEL 18:12, NTV**)**

Esta es parte de la descripción de Dios de un hijo violento.

«Hasta la gente común oprime a los pobres, les roba a los necesitados y priva de justicia a los extranjeros.

»"Busqué a alguien que pudiera reconstruir la muralla de justicia que resguarda al país. Busqué a alguien que se pusiera en la brecha de la muralla para que yo no tuviera que destruirlos, pero no encontré a nadie. Por eso ahora derramaré mi furia sobre ellos y los consumiré con el fuego de mi enojo. ¡Haré recaer sobre su cabeza todo el castigo por cada uno de sus pecados. ¡Yo, el Señor Soberano, he hablado!"».

(EZEQUIEL 22:29-31, NTV)

Oigan esto, los que pisotean a los necesitados y exterminan a los pobres de la tierra. Ustedes dicen: «¿Cuándo pasará la fiesta de luna nueva para que podamos vender grano, o el día de reposo para que pongamos a la venta el trigo?» Ustedes buscan achicar la medida y aumentar el precio, falsear las balanzas y vender los deshechos del trigo, comprar al desvalido por dinero, y al necesitado, por un par de sandalias.

(AMÓS 8:4-6, NVI)

Mis amados hermanos, ¿cómo pueden afirmar que tienen fe en nuestro glorioso Señor Jesucristo si favorecen más a algunas personas que a otras?

Por ejemplo, supongamos que alguien llega a su reunión vestido con ropa elegante y joyas costosas y al mismo tiempo entra una persona pobre y con ropa sucia. Si ustedes le dan un trato preferencial a la persona rica y le dan un buen asiento, pero al pobre le dicen: «Tú puedes quedarte de pie allá o bien sentarte en el piso», ¿acaso esta discriminación no demuestra que sus juicios son guiados por malas intenciones?

Escúchenme, amados hermanos. ¿No eligió Dios a los pobres de este mundo para que sean ricos en fe? ¿No son ellos los que heredarán el reino que Dios prometió a quienes lo aman? ¡Pero ustedes desprecian a los pobres! ¿Acaso no son los ricos quienes los oprimen a ustedes y los arrastran a los tribunales? ¿Acaso no son ellos los que insultan a Jesucristo, cuyo noble nombre ustedes llevan?

Por supuesto, hacen bien cuando obedecen la ley suprema tal como aparece en las Escrituras: «Ama a tu prójimo como a ti mismo»; pero si favorecen más a algunas personas que a otras, cometen pecado. Son culpables de violar la ley [de Dios]. (**SANTIAGO 2:1-9**, NTV)

TÚ Y LAS RIQUEZAS

Si se le diera la opción, la mayoría de las personas escogería ser rica. Sueñan con heredar un millón de dólares, incluso si ninguno de sus parientes tuviera tanto. Gastan a menudo el dinero, que no pueden darse el lujo de perder, en el billete de la lotería, con la esperanza de ganarse el gran premio. Juegan en las máquinas tragamonedas y juegan en las mesas de los casinos, seguros de que pueden duplicar y triplicar su dinero. Como escribiera Alexander Pope: «La esperanza mana eterna».

Aun cuando la gente gane o herede dinero, quiere más. No importa cuánto dinero tenga una persona, casi nunca es suficiente. Los millonarios confiesan que no se sienten lo bastante ricos, aunque es probable que cambiarías de lugares con uno de ellos en cualquier momento.

Lo sorprendente es que muchos ganadores de la lotería se van a la bancarrota o se encuentran en serios problemas económicos en el plazo de cinco años de ganar premios inmensos, debido a que no saben cómo administrar la riqueza, y entonces necesitan más. Es un círculo vicioso.

Sin embargo, ¿qué dice la Biblia acerca de la riqueza y de cómo administrarla?

La riqueza viene de Dios

El Señor da la riqueza y la pobreza. (**1 SAMUEL 2:7**, NVI)

A él [Dios] no le importa la grandeza que pueda tener una persona y no presta más atención al rico que al pobre, él creó a todos. (**JOB 34:19**, NTV)

Igualmente, a todo hombre a quien Dios ha dado riquezas y bienes, lo ha capacitado también para comer de ellos, para recibir su recompensa y regocijarse en su trabajo: esto es don de Dios. (**ECLESIASTÉS 5:19**, LBLA)

No confíes en la riqueza

Si he puesto en el oro mi confianza, y he dicho al oro fino: Tú eres mi seguridad; si me he alegrado porque mi riqueza era grande, y porque mi mano había adquirido mucho [...] eso también hubiera sido iniquidad que merecía juicio, porque habría negado al Dios de lo alto. (**JOB 31:24-25, 28,** LBLA)

> *Job evitó la tentación de confiar en la riqueza en lugar de hacerlo en Dios.*

Aunque se multipliquen sus riquezas, no pongan el corazón en ellas. (**SALMO 62:10,** NVI)

El que confía en sus riquezas, caerá, pero los justos prosperarán como la hoja verde.
(**PROVERBIOS 11:28,** LBLA)

A los ricos de este siglo manda que no sean altivos, ni pongan la esperanza en las riquezas, las cuales son inciertas, sino en el Dios vivo, que nos da todas las cosas en abundancia para que las disfrutemos.
(**1 TIMOTEO 6:17,** RV-60)

La riqueza no perdura

Así que no te desanimes cuando los malvados se enriquezcan, y en sus casas haya cada vez más esplendor. Pues al morir, no se llevan nada consigo; sus riquezas no los seguirán a la tumba. En esta vida se consideran dichosos y los aplauden por su éxito. Pero morirán como todos sus antepasados, y nunca más volverán a ver la luz del día. La gente que se jacta de su riqueza no comprende; morirán, al igual que los animales. (**SALMO 49:16-20**, ntv)

En el día de la ira de nada sirve ser rico, pero la justicia libra de la muerte. (**PROVERBIOS 11:4**, nvi)

Las riquezas desaparecen en un abrir y cerrar de ojos, porque les saldrán alas y se irán volando como las águilas. (**PROVERBIOS 23:5**, ntv)

Y los que son ricos deberían estar orgullosos de que Dios los ha humillado. Se marchitarán como una pequeña flor de campo. Cuando el sol calienta mucho y se seca el pasto, la flor pierde su fuerza, cae y desaparece su belleza. De la misma manera, se marchitarán los ricos junto con todos sus logros. (**SANTIAGO 1:10-11**, ntv)

Presten atención, ustedes los ricos: lloren y giman con angustia por todas las calamidades que les esperan. Su riqueza se está pudriendo, y su ropa fina son trapos carcomidos por polillas. Su oro y plata han perdido su valor. Las mismas riquezas con las que contaban les consumirán la carne como lo hace el fuego. El tesoro que han acumulado se usará como evidencia contra ustedes el día del juicio. Así que ¡escuchen! Oigan las protestas de los obreros del campo a quienes estafaron con el salario. El dinero que no les pagaron clama en contra de ustedes. Los reclamos de quienes les cosechan sus campos han llegado a los oídos del Señor de los Ejércitos Celestiales.

Sus años sobre la tierra los han pasado con lujos, satisfaciendo todos y cada uno de sus deseos. Se han dejado engordar para el día de la matanza. Han condenado y matado a personas inocentes, que no ponían resistencia. (**SANTIAGO 5:1-6**, NTV)

La riqueza no cuenta con Dios

Ellos se fían de sus posesiones y se jactan de sus grandes riquezas. Sin embargo, no pueden redimirse de la muerte pagándole un rescate a Dios.
(**SALMO 49:6-7**, NTV)

Los justos verán esto, y temerán; entre burlas dirán de él: «¡Aquí tienen al hombre que no buscó refugio en Dios, sino que confió en su gran riqueza y se afirmó en su maldad!». (**SALMO 52:6-7**, NVI)

Ni su plata ni su oro los salvará en el día de la ira del Señor. (**SOFONÍAS 1:18**, NTV)

La riqueza no salvará a nadie en el día del juicio.

¿De qué sirve ganar el mundo entero si se pierde la vida? ¿O qué se puede dar a cambio de la vida? **(MATEO 16:26,** nvi**)**

Entonces Jesús, mirando alrededor, dijo a sus discípulos: ¡Cuán difícilmente entrarán en el reino de Dios los que tienen riquezas! Los discípulos se asombraron de sus palabras; pero Jesús, respondiendo, volvió a decirles: Hijos, ¡cuán difícil les es entrar en el reino de Dios, a los que confían en las riquezas! Más fácil es pasar un camello por el ojo de una aguja, que entrar un rico en el reino de Dios. Ellos se asombraban aun más, diciendo entre sí: ¿Quién, pues, podrá ser salvo? Entonces Jesús, mirándolos, dijo: Para los hombres es imposible, mas para Dios, no; porque todas las cosas son posibles para Dios. **(MARCOS 10:23-27,** rv-60**)**

Entonces [Jesús] les contó una parábola: «La tierra de cierto hombre rico había producido mucho. Y él pensaba dentro de sí: "¿Qué haré, ya que no tengo dónde almacenar mis cosechas?" Entonces dijo: "Esto haré: derribaré mis graneros y edificaré otros más grandes, y allí almacenaré todo mi grano y mis bienes. Y diré a mi alma: "alma, tienes muchos bienes depositados para muchos años; descansa, come, bebe, diviértete". Pero Dios le dijo: "¡Necio! Esta misma noche te reclaman el alma; y ahora, ¿para quién será lo que has provisto?" Así es el que acumula tesoro para sí, y no es rico para con Dios». (LUCAS 12:16-21, NBLH)

Tú tienes la responsabilidad por las cosas que posees y las cosas que pides prestadas

«Supongamos que alguien cava o destapa un pozo y, por no taparlo, un buey o un burro cae adentro. El dueño del pozo compensará en forma total al dueño del animal pero podrá quedarse con el animal muerto.

»Si el buey de una persona cornea al buey de otra y el animal herido muere, entonces los dos dueños tendrán que vender el buey vivo y repartirse el dinero por partes iguales; también dividirán entre ellos el animal muerto. Sin embargo, si el buey tenía fama de cornear y su dueño no lo mantenía bajo control, el dueño tendrá que pagar una compensación total —un buey vivo por el buey muerto— pero podrá quedarse con el animal muerto.

»Si alguien roba un buey o una oveja y luego mata o vende el animal, el ladrón tendrá que pagar cinco bueyes por cada buey robado y cuatro ovejas por cada oveja robada.

»Si se sorprende a un ladrón en el acto de forzar la entrada a una casa y, durante el enfrentamiento, se le mata a golpes, la persona que mató al ladrón no es culpable de asesinato. Pero si sucede a la luz del día, el que mató al ladrón sí es culpable de asesinato.

»El ladrón que sea capturado pagará la cantidad total de lo que haya robado. Si no puede pagar, se venderá como esclavo para pagar por lo robado. Si alguien roba un buey o un burro o una oveja, y se encuentra el animal en su poder, entonces el ladrón tendrá que pagar el doble del valor del animal robado.

»Si un animal pasta en un campo o en un viñedo, y el dueño deja que se meta a pastar en el campo de otro, el dueño del animal tendrá que compensar al dueño del campo con lo mejor de su cosecha de grano o de uvas.

»Si alguien prende fuego a espinos y el fuego se sale de control y se extiende al campo de un vecino, y por lo tanto destruye las gavillas de grano o lo que está por cosecharse o todos los cultivos, el que encendió el fuego tendrá que pagar por la cosecha perdida.

»Supongamos que alguien entrega dinero o bienes a un vecino para que se los guarde en un lugar seguro, y al vecino se los roban de su casa. Si se atrapa al ladrón, la compensación consistirá en el doble del valor de lo robado. Pero si no se encuentra al ladrón, el vecino tendrá que presentarse ante Dios, y él determinará si el vecino es quien robó los bienes.

»Supongamos que hay un pleito entre dos personas, y ambas afirman ser dueñas de cierto buey o burro, cierta oveja o prenda de vestir, o algún objeto perdido. Ambas partes tendrán que presentarse ante Dios, y la persona a quien Dios declare culpable tendrá que pagarle el doble al otro.

»Ahora supongamos que alguien deja un burro, un buey, una oveja o cualquier otro animal al cuidado de otra persona, pero el animal muere, se lastima o se extravía, y nadie vio lo sucedido. Entonces el vecino tendrá que hacer un juramento en presencia del Señor. Si el Señor confirma que el vecino no robó el animal, el dueño deberá aceptar el veredicto, y no se exigirá ningún pago; pero si efectivamente el animal fue robado, el culpable deberá compensar al dueño. Si un animal salvaje lo despedazó, los restos del animal muerto se presentarán como prueba, y no se exigirá ninguna compensación.

»Si alguien pide prestado un animal a un vecino, y el animal se lastima o muere en ausencia del dueño, el que lo pidió prestado tendrá que compensar al dueño en forma total y absoluta». (**ÉXODO 21:33—22:14**, NTV)

> *La ley que Dios les entregó a los israelitas se aseguraba de que los individuos respetaran la propiedad de las demás personas y que se responsabilizaran por cualquier daño que quizá causara su propiedad.*

El mal uso de la riqueza

El pobre no tiene de amigo ni al vecino, pero al rico le llueven las amistades. (**PROVERBIOS 14:20**, PDT)

> *El rico quizá tenga más amigos que el pobre, pero lo más probable es que su riqueza sea lo que los atraiga.*

El nombre del Señor es torre fuerte, a ella corre el justo y está a salvo. La fortuna del rico es su ciudad fortificada, y como muralla alta en su imaginación. **(PROVERBIOS 18:10-11,** LBLA**)**

> *Las personas piadosas confían en el Señor, no en sus riquezas.*

Es mejor ser pobre y honesto que ser rico y deshonesto. **(PROVERBIOS 28:6,** NTV**)**

El hombre rico es sabio en su propia opinión; mas el pobre entendido lo escudriña. **(PROVERBIOS 28:11,** RV-60**)**

Entonces yo me volví y observé la vanidad bajo el sol: Había un hombre solo, sin sucesor, que no tenía hijo ni hermano, sin embargo, no había fin a todo su trabajo. En verdad, sus ojos no se saciaban de las riquezas, y nunca se preguntó: ¿Para quién trabajo yo y privo a mi vida del placer? También esto es vanidad y tarea penosa. **(ECLESIASTÉS 4:7-8,** LBLA**)**

Dulce es el sueño del trabajador, coma mucho o coma poco; pero la hartura del rico no le permite dormir. Hay un grave mal que he visto bajo el sol: las riquezas guardadas por su dueño para su mal.
(ECLESIASTÉS 5:12-13, LBLA)

Así dice el Señor: No se gloríe el sabio de su sabiduría, ni se gloríe el poderoso de su poder, ni el rico se gloríe de su riqueza; mas el que se gloríe, gloríese de esto: de que me entiende y me conoce, pues yo soy el Señor que hago misericordia, derecho y justicia en la tierra, porque en estas cosas me complazco —declara el Señor. **(JEREMÍAS 9:23-24**, LBLA)

Los que acaparan riquezas en forma injusta son como las perdices que empollan los huevos que no han puesto. En la mitad de la vida perderán sus riquezas; al final, se volverán unos pobres viejos tontos.
(JEREMÍAS 17:11, NTV)

Sí, tu sabiduría te hizo muy rico, y tus riquezas muy orgulloso. (**EZEQUIEL 28:5**, NTV)

Este es el mensaje de Dios por medio del profeta Ezequiel para el rey de Tiro.

Pero ¡ay de ustedes los ricos!, porque ya han recibido su consuelo. (**LUCAS 6:24,** RVC)

Jesús les hizo esta advertencia a los ricos debido a que deciden gratificarse a sí mismos ahora, en lugar de centrarse en las cosas espirituales.

Promesas de abundancia para el pueblo de Dios

«El Señor de los Ejércitos Celestiales dice: pueden estar seguros de que rescataré a mi pueblo del oriente y del occidente. Yo los haré regresar a casa para que vivan seguros en Jerusalén. Ellos serán mi pueblo, y como su Dios los trataré con fidelidad y justicia.

»El Señor de los Ejércitos Celestiales dice: ¡Sean fuertes y terminen la tarea! Desde que echaron los cimientos del templo del Señor de los Ejércitos Celestiales, ustedes han oído lo que los profetas han estado diciendo acerca de terminar el edificio. Antes de que la obra en el templo comenzara, no había trabajo ni dinero para contratar obreros o animales. Ningún viajero estaba a salvo porque había enemigos por todos lados. Yo hice que todos estuvieran unos contra otros.

»Pero ahora no trataré al remanente de mi pueblo como lo hice antes, dice el Señor de los Ejércitos Celestiales. Pues estoy plantando semillas de paz y prosperidad entre ustedes. Las vides estarán cargadas de fruta, la tierra producirá sus cosechas y los cielos soltarán el rocío. Una vez más yo haré que el remanente de Judá y de Israel herede estas bendiciones. Entre las demás naciones, Judá e Israel se convirtieron en símbolo de una nación maldita. ¡Pues ya no lo serán más! Ahora los rescataré y los haré símbolo y fuente de bendición. Así que no tengan miedo. ¡Sean fuertes y sigan con la reconstrucción del templo!

»Pues el Señor de los Ejércitos Celestiales dice: estaba decidido a castigarlos cuando sus antepasados me hicieron enojar y no cambié de parecer, dice el Señor de los Ejércitos Celestiales. Sin embargo, ahora estoy decidido a bendecir a Jerusalén y al pueblo de Judá, así que no tengan miedo. Pero ustedes deben hacer lo siguiente: digan la verdad unos a otros. En sus tribunales, pronuncien veredictos que sean justos y que conduzcan a la paz. No tramen el mal unos contra otros. Dejen de amar el decir mentiras y jurar que son verdad. Yo odio todas esas cosas, dice el Señor».
(ZACARÍAS 8:7-17, NTV)

> *Estas son las alentadoras palabras para Israel, mientras estaban en el cautiverio, acerca de la prosperidad futura.*

Todos los sedientos, vengan a las aguas; y los que no tengan dinero, vengan, compren y coman. Vengan, compren vino y leche sin dinero y sin costo alguno. ¿Por qué gastan dinero en lo que no es pan, y su salario en lo que no sacia? Escúchenme atentamente, y coman lo que es bueno, y se deleitará su alma en la abundancia. (**ISAÍAS 55:1-2**, NBLH)

Entonces vi un cielo nuevo y una tierra nueva, porque el primer cielo y la primera tierra habían desaparecido y también el mar. Y vi la ciudad santa, la nueva Jerusalén, que descendía del cielo desde la presencia de Dios, como una novia hermosamente vestida para su esposo.

Oí una fuerte voz que salía del trono y decía: «¡Miren, el hogar de Dios ahora está entre su pueblo! Él vivirá con ellos, y ellos serán su pueblo. Dios mismo estará con ellos. Él les secará toda lágrima de los ojos, y no habrá más muerte ni tristeza ni llanto ni dolor. Todas esas cosas ya no existirán más».

Y el que estaba sentado en el trono dijo: «¡Miren, hago nuevas todas las cosas!». Entonces me dijo: «Escribe esto, porque lo que te digo es verdadero y digno de confianza». También dijo: «¡Todo ha terminado! Yo soy el Alfa y la Omega, el Principio y el Fin. A todo el que tenga sed, yo le daré a beber gratuitamente de los manantiales del agua de la vida. Los que salgan vencedores heredarán todas esas bendiciones, y yo seré su Dios, y ellos serán mis hijos.

»Pero los cobardes, los incrédulos, los corruptos, los asesinos, los que cometen inmoralidades sexuales, los que practican la brujería, los que rinden culto a ídolos y todos los mentirosos, tendrán su destino en el lago de fuego que arde con azufre. Ésta es la segunda muerte».

Entonces uno de los siete ángeles que tenían las siete copas con las últimas siete plagas se me acercó y me dijo: «¡Ven conmigo! Te mostraré a la novia, la esposa del Cordero».

Así que me llevó en el Espíritu a una montaña grande y alta, y me mostró la ciudad santa, Jerusalén, que descendía del cielo, desde la presencia de Dios. Resplandecía de la gloria de Dios y brillaba como una piedra preciosa, como un jaspe tan transparente como el cristal. La muralla de la ciudad era alta y ancha, y tenía doce puertas vigiladas por doce ángeles. Los nombres de las doce tribus de Israel estaban escritos en las puertas. Había tres puertas a cada lado: al oriente, al norte, al sur y al occidente. La muralla de la ciudad estaba fundada sobre doce piedras, las cuales llevaban escritos los nombres de los doce apóstoles del Cordero.

El ángel que hablaba conmigo tenía en la mano una vara de oro para medir la ciudad, sus puertas y su muralla. Cuando la midió se dio cuenta de que era cuadrada, que medía lo mismo de ancho que de largo. En realidad, medía 2220 kilómetros de largo, lo mismo de alto y lo mismo de ancho. Después midió el grosor de las murallas, que eran de sesenta y cinco metros (según la medida humana que el ángel usó).

La muralla estaba hecha de jaspe, y la ciudad era de oro puro y tan cristalino como el vidrio. La muralla de la ciudad estaba fundada sobre doce piedras, cada una adornada con una piedra preciosa: la primera con jaspe, la segunda con zafiro, la tercera con ágata, la cuarta con esmeralda, la quinta con ónice, la sexta con cornalina, la séptima con crisólito, la octava con berilo, la novena con topacio, la décima con crisoprasa, la undécima con jacinto y la duodécima con amatista.

Las doce puertas estaban hechas de perlas, ¡cada puerta hecha de una sola perla! Y la calle principal era de oro puro y tan cristalino como el vidrio.

No vi ningún templo en la ciudad, porque el Señor Dios Todopoderoso y el Cordero son el templo. La ciudad no tiene necesidad de sol ni de luna, porque la gloria de Dios ilumina la ciudad, y el Cordero es su luz. Las naciones caminarán a la luz de la ciudad, y los reyes del mundo entrarán en ella con toda su gloria. Las puertas nunca se cerrarán al terminar el día porque allí no existe la noche. Todas las naciones llevarán su gloria y honor a la ciudad. No se permitirá la entrada a ninguna cosa mala ni tampoco a nadie que practique la idolatría y el engaño. Sólo podrán entrar los que tengan su nombre escrito en el libro de la vida del Cordero.
(**APOCALIPSIS 21:1-27**, NTV)

El cielo será un lugar glorioso lleno de riqueza, maravillas y belleza. Todas nuestras necesidades se suplirán y nuestro gozo será pleno.

APÉNDICE

REFLEXIONES SOBRE EL DINERO DE JOHN WESLEY, GEORGE WHITEFIELD Y C.H. SPURGEON

John Wesley (1703-1791), extracto de su sermón «El uso del dinero». Texto de la edición de 1872: Thomas Jackson, editor del inglés

Sin embargo, no permitas que nadie se figure que lo ha hecho todo con solo avanzar hasta ahora al «ganar y ahorrar todo lo que puede», si estaba parado aquí. Todo esto es nada si el hombre no avanza, si no se dirige a un final más lejano. Por supuesto, no puede decirse como es debido que el hombre ahorra algo, si solo lo acumula. Tú también puedes lanzar tu dinero al mar, así como guardarlo en la tierra, en un cofre o en el Banco de Inglaterra. No para usarlo, sino para tirarlo de manera eficaz a la basura. Por consiguiente, si en verdad desearías hacer «amigos por medio de las riquezas injustas», añade la tercera regla a las dos anteriores. Habiendo ganado, en primer lugar, todo lo que puedes, y ahorrado, en segundo lugar, todo lo que puedes, entonces «da todo lo que puedes».

A fin de apreciar el fundamento y la razón de esto, considera que cuando el Dueño de los cielos y de la tierra te dio la vida y te colocó en este mundo, no te puso aquí como propietario, sino como mayordomo: Como tal, Él te confió, por una temporada, bienes de varias clases; pero la propiedad exclusiva de estos bienes es suya y nadie podrá jamás expropiárselos. Al igual que tú mismo no te perteneces, sino que eres de Él, asimismo lo son, del mismo modo, todas las cosas que tú disfrutas. Tal es tu alma y tu cuerpo, que no son tuyos, sino de Dios. Y, también, lo es tu caudal en particular. Además, Él te ha dicho, en los términos más claros y explícitos, cómo vas a emplearlo para Él, de tal manera que todo pueda ser un sacrificio santo y aceptable por medio de Jesucristo. Y ha prometido premiar este servicio fácil y ligero con un eterno peso de gloria eterna.

Las instrucciones que nos ha dado Dios, respecto al uso de nuestro caudal mundano, puede estar comprendido en los detalles siguientes. Si tu deseo de ser un mayordomo fiel y sabio, a través de esa parte de los bienes que el Señor ha puesto en tus manos, aunque con el derecho de retomarlos en cualquier momento en que le agrade a Él, provee en primer lugar las cosas necesarias para ti: alimento para comer, ropa para vestir, cualquiera que sea la naturaleza que moderadamente se precisa para mantener el cuerpo saludable y fuerte. En segundo lugar, provee dichas cosas para tu esposa, tus hijos, tus criados y todos los demás que pertenezcan a tu familia. Si cuando hacemos esto queda un excedente, hagamos bien «en especial a los de la familia de la fe». Si todavía queda alguna cosa, y «siempre que tengamos la oportunidad, hagamos bien a todos». Al hacerlo así, das todo lo que puedes; mejor dicho, en cierto sentido, todo lo que tienes: Puesto que todo lo que se distribuye de este modo se le da a Dios en realidad. Das «a Dios lo que es de Dios», no solo al dar a los pobres, sino al proveer lo necesario para ti y para tu familia.

Entonces, si alguna vez surge una duda en tu mente concerniente a lo que vas a gastar, ya sea para ti o para cualquier miembro de tu familia, tienes una forma sencilla para eliminarla. Pregúntate con calma y seriedad: «(1.) Al gastar en esto, ¿estoy actuando de acuerdo a mi carácter? ¿Estoy actuando aquí no como un propietario, sino como un mayordomo de los bienes de mi Señor? (2.) ¿Hago esto en obediencia a su Palabra? ¿En qué parte de la Escritura se me exige que lo haga? (3.) ¿Puedo ofrecer esta acción, este gasto, como un sacrificio a Dios por medio de Jesucristo? (4.) ¿Tengo razón para creer que por esta misma obra tendré una recompensa en la resurrección de los justos?». Rara vez necesitarás algo más para eliminar cualquier duda que surja en tu cabeza; pero por esta consideración cuádruple tendrás luces claras acerca del camino que debes seguir.

En el caso de que todavía quede alguna duda, puedes examinarte más aun mediante la oración de acuerdo a esas preguntas en tu cabeza. Mira a ver si puedes decirle al que escudriña los corazones que tu conciencia no te condena:

«Señor: Ves que voy a gastar esta suma de dinero en esos alimentos, ropas y muebles. Y sabes que, en este aspecto, actúo con sencillez como mayordomo de tus bienes, gastando así esta parte de ellos en cumplimiento a tu plan al confiármelos. Tú sabes que lo hago en obediencia al Señor, como lo ordenaste, y debido a que lo ordenaste. Permite que esto, te lo suplico, ¡sea un sacrificio aceptable por medio de Jesucristo! Y dame un testimonio en mí mismo de que por esta labor de amor tendré una recompensa cuando tú premies a cada uno según sus obras». Ahora bien, si tu conciencia da testimonio en el Espíritu Santo de que esta oración es agradable a Dios, no tienes razón para dudar de que el gasto sea justo y bueno, y como tal nunca hará que te avergüences.

Entonces, ya ves que ganas «amigos por medio de las riquezas injustas» y por qué vías puedes conseguir «que cuando éstas falten, os reciban en las moradas eternas». Considera la naturaleza y el alcance de que la verdadera prudencia cristiana va más allá de lo relacionado con el uso de ese gran talento, el dinero. Gana todo lo que puedas, sin hacerte mal a ti mismo ni a tu prójimo, en alma o cuerpo, mediante la aplicación de una ininterrumpida diligencia y con todo el entendimiento que te ha dado Dios; ahorra todo lo que puedas, al cortar cada gasto que solo sirva para un indulgente deseo necio; para satisfacer el deseo de la carne, el deseo de los ojos o el orgullo de la vida, no malgastes nada, viviendo o muriendo, en pecado o en insensatez, ya sea por ti o por tus hijos; y, a continuación, da todo lo que puedas o, en otras palabras, dale todo lo que tengas a Dios.

George Whitefield (1714-1770), extracto del sermón 47: «*The Great Duty of Charity Recommended*»

EN PRIMER LUGAR, voy a considerar este deber en relación a los cuerpos de los hombres. Y:

1. ¡Oh que el rico debería considerar cuán digno de alabanza es este deber de ayudar a sus semejantes! Nos crearon para que seamos de ayuda los unos a los otros; Dios no hizo a nadie tan independiente como para que no necesitara la asistencia de otro; el hombre más rico y poderoso sobre la faz de esta tierra, necesita la ayuda y la asistencia de esos que están a su alrededor; y aunque quizá esté en alza hoy, miles de percances tal vez hagan que esté en baja mañana; el que esté en abundancia hoy, quizá esté en más pobreza mañana. Si nuestros hombres ricos fueran más caritativos con sus amigos y vecinos pobres, sería un medio de recomendarlos para el deleite de otros, si es que la Providencia debería desaprobarlos; pero lo lamentable es que nuestros grandes hombres tienen mucho y gastan más bien su dinero en una obra de teatro, en un juego de pelota, en una asamblea o en un baile de disfraces, en lugar de aliviar a un pobre siervo afligido de Jesucristo. Antes

bien, tienen que gastar su patrimonio en sus halcones y sus perros de caza, en sus prostitutas y en los placeres terrenales, sensuales y diabólicos, en vez de darle consuelo, alimentos o alivio a uno de sus semejantes en dificultades. ¿Qué diferencia existe entre el rey en el trono y el mendigo en el muladar cuando Dios exige sus alientos? No hay diferencia, mis hermanos, en la tumba no habrá ninguna en el día del juicio final. A ustedes no los excusarán porque hayan tenido una gran propiedad, una elegante casa y vivieran en todos los placeres que les pudo proporcionar esta tierra; no, esas cosas van a ser un medio de su condenación; tampoco los juzgarán de acuerdo a la magnitud de su patrimonio, sino de acuerdo al uso que hicieron del mismo.

Ahora bien, ustedes no pueden pensar en nada más que en sus placeres y deleites de vivir sin complicaciones y en la abundancia, y nunca considerar cuántos miles de sus semejantes se regocijarían con lo que ustedes están derrochando, y sin medida. Permítanme suplicarles, mis hermanos ricos, que consideren al pobre del mundo, y cuán encomiable y digno de alabanza es aliviar a esos que están afligidos. Tengan en cuenta cuán agradable es esto para Dios, cuán deleitoso es para el hombre y cuántas oraciones se ofrecerán por su bienestar, por esas personas que aliviaron; y permitan que esto sea una consideración para que reserven un poco de la abundancia, con la que les ha bendecido Dios, en el alivio de sus pobres. Él los podía haber puesto a ustedes en su baja condición, y a ellos en su alto nivel; ¿fue solo su buena voluntad lo que marcó la diferencia, y no esto que hace que recuerden las aflicciones de sus semejantes?

Permítanme suplicarles que consideren qué los pondrá mejor en el día del juicio final, si el dinero que gastaron en una carrera de caballos, o en un campo deportivo, en un juego o en un carnaval, o lo mucho que dieron para el alivio de sus semejantes y por los afligidos miembros de Jesucristo.

Les suplico, que deberían considerar cuán valioso y encomiable es este deber: no se enojen conmigo por exhortarles así a este deber que tanto recomienda el mismo Jesucristo y todos sus apóstoles: Les hablo en particular a ustedes, mis hermanos ricos, para rogarles que consideren a esos que son pobres en este mundo, y los ayuden de vez en cuando, como lo exige su necesidad. Tengan en cuenta que hay una maldición denunciada contra esos que no hacen bien con sus riquezas; es decir: «Ahora, ustedes los ricos, escuchen con cuidado. ¡Lloren a voz en cuello por las calamidades que les sobrevendrán! Sus riquezas están podridas, y sus ropas están carcomidas por la polilla. Su oro y su plata están llenos de moho, y ese mismo moho los acusará, y los consumirá como el fuego» [Santiago 5:1-3, RVC]. Ya ven la terrible aflicción pronunciada contra todos esos que nadan en la abundancia de las cosas de esta vida, sin aliviar las adversidades de esos que están en la necesidad de las mismas; y el apóstol Santiago pasa también a hablar en contra de esos que han adquirido propiedades por fraudes, como muchos tienen en estos días: «Ustedes acumulan riquezas, ¡hasta en los últimos tiempos! Pero claman contra ustedes los sueldos que, con engaños, no han pagado a los que trabajaron levantando sus cosechas. ¡Y el clamor de esos trabajadores ha llegado a los oídos del Señor de los ejércitos! Aquí en la tierra, ustedes han vivido rodeados de placeres, y lo único que han logrado es engordar para el día de la matanza» [Santiago 5:3-5, RVC]. Por lo tanto, si van a vivir tras la lujuria de la carne, mimar sus vientres y hacerlos su dios, mientras el pobre alrededor de ustedes pasan hambre, Dios hará que estas cosas sean un testigo en contra de ustedes, lo cual será como un gusano para sus almas y roerá sus conciencias por toda la eternidad; por lo tanto, déjenme una vez más recomendarles la caridad a los cuerpos de los hombres, y suplicarles que ustedes recuerden lo que el bendito Señor Jesucristo les ha prometido a los que aman así a sus miembros: «De cierto les digo que todo lo que hicieron por uno de mis hermanos más pequeños, por mí lo hicieron» [Mateo 25:40, RVC].

No hablo ahora para mí; no les recomiendo mi pequeño rebaño en Georgia; entonces ustedes podrían decir: «como hacen muchos sin recato, igual yo quiero el dinero para mí»; no, mis hermanos, les recomiendo ahora a los pobres de esta tierra, a sus vecinos pobres, a sus amigos pobres, sí, a sus enemigos pobres; ellos son por los que hablo ahora; y cuando veo a tantos muriéndose de hambre en las calles, y estar casi desnudos, mis entrañas se mueven con compasión y preocupación, para considerar que, muchos en cuyo poder está el prestar su mano de ayuda, deban cerrar sus entrañas de la compasión, y no aliviarán a sus semejantes, aunque estén en la condición más deplorable por la privación de la misma.

Como ya he recomendado de esta manera la caridad en especial a los ricos entre ustedes, ahora me gustaría:

2. EN SEGUNDO LUGAR, recomendarle esto a otro grupo de personas entre nosotros, quienes, en vez de ser los más avanzados en actos de caridad, somos casi siempre los más atrasados; me refiero al clero de esta tierra.

¡Buen Dios! Lo asombroso es la consideración de que aquellos, que Dios ha llamado para trabajar en las cosas espirituales, deban estar tan atrasados en esta tarea, como lo enseña la experiencia fatal. Nuestro clero (que es la generalidad del mismo) solo busca ascenso, yendo de un lugar a otro, a fin de obtener un beneficio tras otro; y para amontonar bienes, ya sea para gastar en los placeres de la vida o para satisfacer sus apetitos sensuales, mientras los pobres de su rebaño están olvidados; mejor dicho, lo que es peor, a ellos los desprecian, los odian y los rechazan.

No estoy ahora, mis hermanos, hablando de todo el clero; no, bendecido sea Dios, hay algunos entre ellos que detestan tales procedimientos y están dispuestos a aliviar al necesitado; pero Dios lo sabe, estos son muy pocos, a la vez que muchos no se preocupan del pobre entre ellos.

Pueden visitar a los ricos y a los grandes, pero a los pobres no los soportan tenerlos a la vista; son olvidadizos, deliberadamente olvidadizos de los miembros pobres de Jesucristo.

Se han apartado de las sendas antiguas, y se han vuelto a una nueva forma educada, pero que no se justifica en la Palabra de Dios: están hundidos en un modo refinado de actuar; pero por muy refinado que sea, no fue la práctica de los apóstoles, ni de los cristianos en ninguna época de la iglesia: pues visitaban y ayudaban a los pobres entre ellos; sin embargo, ¿cómo es que esto es raro entre nosotros, cómo es que pocas veces podemos encontrar la caridad en un clérigo?

Con pena digo estas cosas, pero la experiencia lamentable es un testimonio de la verdad de las mismas: y si todo el clero de esta tierra estuviera aquí, yo les diría con valentía que no se mantuvieron en los caminos de la caridad, sino que fueron negligentes en su deber; en lugar de «vender lo que tienen y dárselo a los pobres», no venderán ninguna cosa, ni se lo darán en absoluto al pobre.

3. EN TERCER LUGAR, me gustaría exhortarles a ustedes los que son pobres, a que sean caritativos los unos con los otros.

Aunque es posible que no tengan dinero, ni las cosas de esta vida, para dárselos a otros, sin embargo, pueden ayudarlos al consolarlos y aconsejarlos para que no se desalienten, a pesar de que están en lo bajo

del mundo; o tal vez puedan ayudarlos en la enferme-
dad de acuerdo a su tiempo o a su habilidad; no sean
insensibles los unos con los otros; no se aflijan, ni se
irriten, ni se enojen entre sí; pues esto le está dando al
mundo una ventaja sobre ustedes.

Y si Dios despierta a alguno para que les alivie, no
hagan un mal uso de lo que su providencia, a través de
las manos de algún cristiano, les haya otorgado: sean
siempre humildes y esperen en Dios; no murmuren ni
se quejen, ya sea que vean a alguien aliviado y ustedes
no lo estén; sigan esperando en el Señor, y ayúdense
los unos a los otros, alguna que otra vez, de acuerdo a
sus habilidades.

C.H Spurgeon (1834-1892), selecciones de
*The Salt Cellars: Being a Collection of Proverbs,
Together with Homely Notes Thereon*, volumen
2, M-Z 1889

No pongas todos tus huevos en una misma canasta.
No es prudente arriesgar todo lo que tienes en un solo
negocio. Si tienes algunos ahorros, ponlos en varios lugares. La forma marinera de este dicho es: «No envíes
todos tus bienes en un solo buque».

Muchas de las inversiones más absurdas las han
hecho hombres que, en sus propios negocios, fueron
astutos en gran medida. Es más difícil tejer que reunir
lana.

Muchos ahorran su plata, pero pierden sus almas. Las almas de muchos hombres se han arruinado por su gran amor al dinero, aunque tuvieron poco dinero que amar.

El dinero prestado pronto es lamentado. El que lo presta comienza a lamentarse, aun si el prestatario no lo hace; a causa de que, en general, se ha separado de este para no volverlo a reunir.

El dinero quema a muchos. Se han dañado por sus riquezas. Algunos se queman por los sobornos; pues cuando el dinero se toma, la libertad se abandona.

El dinero llama, pero no se queda; es redondo y rueda lejos. Hace el molino marchar, pero va más rápido que la rueda del molino. No se mantiene más en la cartera que la nieve en un horno; al menos, entonces lo encuentro. Sin embargo, ¿por qué deberíamos desear que se quede? ¡Es un medio circulante! ¿Por qué deberíamos detenerlo? Si reposa se enmohece. Déjalo ir haciendo el bien.

El dinero ganado en el día de descanso es una pérdida, me atrevo a decir. Ninguna bendición puede venir con lo que nos viene, en la espalda del demonio, debido a nuestra desobediencia voluntariosa de la ley de Dios. Con la *pérdida de* salud debido a la negligencia en el descanso, y la pérdida del alma debido a la negligencia en escuchar el evangelio, pronto toda esa aparente ganancia se convierte en pérdida real.

El dinero dora la culpa. Se dice que el dinero es una composición para eliminar manchas en el carácter; pero como tal, es un fracaso. Esos caracteres que pueden dorarse así, de seguro que deben ser del orden del pan de jengibre.

El dinero no tiene pariente consanguíneo. La amistad no existe en los negocios. Es triste que esto deba ser un proverbio en algún lugar, pero es así. Los chinos *dicen*: «Aunque los hermanos sean muy afines, son independientes en asuntos de dinero». También dicen: «Los dientes superiores y los dientes inferiores algunas veces entran en incómodo enfrentamiento». Tan poco poder tiene la relación en las costumbres salvajes de los negocios que, en algunos casos, se desollaría con una mano al otro, si pudiera obtener un beneficio por ello.

El dinero es un buen siervo, pero un mal amo. Incluso, como un siervo no es fácil mantenerlo en la debida subordinación. Si «con dinero baila el mono», al hombre lo hace orgulloso. Si hacemos del dinero nuestro dios, nos gobernará como el diablo.

El dinero habla de manera más poderosa que la elocuencia. Con mucha frecuencia, puesto que el orador es un hombre rico que recibe la atención, se asegura la aprobación de personas que no ven ningún sentido sano en lo que dice uno que no tenga bolsas de dinero. Esto se explica muy bien en el siguiente verso: *El hombre acaudalado es elocuente: Valiente, guapo, noble, sabio; Todas las calidades están con oro, enviadas, Y se desaparecen donde este vuela.*

El dinero empleado en el cerebro nunca se emplea en vano. Vierte tu dinero en tu cerebro, y nunca lo perderás por completo. La educación es tal ganancia que vale la pena todo lo que cuesta, y mucho más. Sin embargo, algunos colegas no aprenden nada en las escuelas. Muchos padres, cuando sus hijos regresan de la universidad, podrían decir: «Me dieron el oro, yo lo eché al fuego, ¡y lo que salió fue este becerro!» [Éxodo 32:24, nvi].

Un martillo de oro no abrirá las puertas del cielo. El dinero abre las puertas de la tierra, puesto que el soborno es moneda corriente; pero no tiene poder en el mundo futuro. El dinero es más elocuente que diez miembros del parlamento, pero no puede estar en vigencia con el Gran Juez.

Mejor es una cartera vacía que llena del dinero de otros. La ganancia de riquezas con trampas acarrea maldición sobre nosotros. La pobreza honorable debe ser infinitamente preferible a la riqueza deshonesta, o a un inmenso endeudamiento. En el idioma telugu leemos: «Una taza de agua de arroz sin deuda es suficiente».

Haz el bien con tu dinero, o este no te hará ningún bien. No hay ningún poder en sí mismo para hacerte un verdadero bien. Este puede hacerte hasta mal; sin embargo, si lo usas para Dios y su causa, y los pobres, te bendecirá.

NOTAS

Capítulo 7

1. *25 Billionaires and Millionaires That Became Philanthropists*, Business Pundit.com, 4 de agosto de 2008, www.businesspundit.com/25-billionaires-and-millionaires-that-became-philanthropists/
2. *Girl Friday, the World's Richest Women: The Most Elite Women's Club*, blog de *Forbes*, 4 de agosto de 2008, http://www.forbes.com/sites/meghancasserly/2011/03/10/the-worlds-richest-women-billionaires/

Capítulo 9

3. «Poverty Statistics and Poverty Causes», *Poverty Statistics Central*, consultado el 30 de abril de 2011, http://povertystatistics.org/#axzz1JkRZqldc
4. «Poverty in the United States Frequently Asked Questions», *National Poverty Center*, consultado el 30 de abril de 2011, www.npc.umich.edu/poverty/#2